봄에서 가을까지

| 김이현
| 隨想錄

봄 에서
가을 까지

이 가을엔 좀 느긋해 보자.
쫓기지 말고 달음질하지 말아보자.
그런 가을을 마중하자는
다짐의 긴 한숨을 토해본다.

바른북스

서문

2024년 한 해는 다른 해와 많이 다르다.

  어느 날 갑자기 온도가 올라가더니 그대로 봄이 되었고 봄꽃이 순서도 없이 한꺼번에 피기 시작했다. 벚꽃 축제, 진달래 축제가 거의 동시에 열리다시피 하고 그리고는 때 이른 장미 축제가 뒤를 잇더니 30도를 넘기 시작했다.
  인터넷 창이 꽃 범벅이 되어 있던 그 사이로 뜨거운 햇살이 내리꽂히며 때 이른 잠자리가 날았고 숨 막히는 더위가 내 기준으로는 거의 두 달을 넘어갔다.
  추석에도 에어컨을 켜야 견딜 수 있는 더위에 두려움을 느낄 정도였고 그래서 가을은 아직 저 멀리 있는 줄 알았는데, 그래도 추분 전날 등산길엔 떨어진 은행들이 밟히더니 몰래 물든 단풍잎

두 장이 보이고 상수리와 밤이 낙엽 속으로 숨어들며 가을을 수줍게 얘기하고 있었다.

안에서는 정치판의 끝없는 다툼, 밖에서는 전쟁과 지진 소식이 눈과 귀를 아프게 하면서도 달력은 어김없이 넘어가고 있었고 그런저런 하늘과 땅, 그리고 사람들의 움직임이 내 일생 중의 이 한 해, 하루하루를 그려주고 있었다.

그 하루하루의 느낌과 상념들도 금년에는 다른 해와 달리 조금 다른 깊이로 다가오고 있었고 그래서 적어두게 된 그 느낌과 상념들을 다듬고 정리하여 내 생애 네 번째 쓰는 글로 단장하기에 이른다.

어릴 적, 아버지가 밭에서 따주시던 아주 못생긴 토마토 하나가 생각난다. 반쪽은 새빨갛게 익은, 아기 엉덩이 같은 모습이었고 반쪽은 초록색 혹이 달린 것 같은 기형적인 모습이었지만 얼마나 크고 맛있었는지, 그거 하나 먹고도 배가 불렀던 기억이 난다.

이 글에 표현된 내 일상 속의 느낌과 상념들도 그때 그 토마토처럼 익은 것과 익지 않은 것들이 뒤엉켜 있다는 생각이 들지만 그 모습이 진정한 '나'이고, 그래서 특별하지 않게 독자들의 공감 영역에서 공통분모 역할을 할 부분이 제법 있으리라 믿으며 글을 마무리한다.

   초가을 밤, 그래도 이제는 시원해진 바람 뒤로 늦게 뜬 하현달이 창틈으로 슬며시 들여다보다 사라진다.

목차

서문

10 | 봄날 저녁
13 | 5월 25일의 장미…
16 | 온라인 부고(訃告)
18 | 출근길의 기억 하나
22 | 이별의 행복
25 | 1971년 어느 날
28 | 죽음에 대하여
31 | 다 그런 거지…
34 | 새벽 단상
36 | 답답한 순간의 추억
38 | 초4의 인생
41 | 밤꽃 회상
44 | 멸치 대가리
47 | 건강검진 수치
51 | 금오산의 추억
54 | 귀성길의 기억 한 편
58 | 트로트와 아이돌

61 | 홈 트레이닝(자전거)
64 | 메모리얼파크(추모 공원)
67 | 족발과 손녀
70 | 절대로…
73 | 외로움에 대하여
76 | 친구에 대하여
79 | 채움과 비움
82 | 인구 감소
85 | 때 이른 무더위
88 | 요리와 젊은이
91 | 레깅스 등산복
94 | 떡 값
97 | 과감한 겁쟁이
103 | 여름날 아침의 소리
110 | 여름날 낮의 소리
118 | 여름날 밤의 소리
124 | 선풍기

127 | 두루마리 휴지
130 | 느낌에 대하여…
133 | 금계국
136 | 치매
139 | 킹크랩
142 | 기운 없는 아침
145 | 구멍 난 티셔츠
148 | 추억 지우기
151 | 뒤틀린 四季
154 | 야전침대
157 | 모기 한 쌍
161 | 복권
164 | 네 번째 책
167 | 흐르지 않는 물
170 | 발톱 죽이기
173 | 누나
176 | 손

179 | 인연
182 | 홍수
185 | 살아보니…
189 | 평행선
192 | 약장
195 | 무지개
198 | 올림픽
202 | 어둠 속 1
205 | 어둠 속 2
208 | 어떤 세상을…
211 | 손녀의 감기
214 | 계곡 알탕
217 | 등산화
221 | 긴 여름 그 끝에서…

봄날 저녁

 창밖, 비스듬히 누운 햇살에 금빛으로 물든 소나무 가지가, 개구쟁이 심심풀이 장난하듯 불어오는 봄바람에 힘없이 흔들리는 모습이 왜 저리 처량해 보일까?
 내 삶의 모습을 거실 창밖의 풍경으로 자각하게 만들려는 5월 봄날 저녁 하늘의 심술이라면 내 과감한 용기로 받아들여 깨우치고 싶구나.

 또 바람이 분다.
 이번에는 시들어 가는 이팝나무꽃을 우수수 떨구고 있다.
 그렇지. 모든 것은 왔다 가고, 생겼다 사라지고, 있다가 없어지는 것.
 모든 것은 한꺼번에 왔다 가고, 한꺼번에 생겼다 사라지고, 한꺼번에 있다가 없어지는데, 난 그 '한꺼번'에 묻혀 있으면서도 '한꺼번'과 함께하기 싫어서 맨 먼저이거나 맨 나중이 되고 싶어 몸부림치며 살았던 것 같다.

내게 있던 모든 것도 사라지고 없어질 것을, 빈 밥그릇 핥아대는 강아지처럼 미련 한 자락을 붙잡고 있으면 무엇 하랴.

자꾸 시려지는 영혼 끝자락은 삶의 마지막 냄새를 품기 시작하는데, 빈 젖 물고 있는 아기처럼 내가 아직도 물고 있는 욕심 한 줄기는 무엇일까?
저 이팝나무꽃이 다 질 때면 내 욕심도 내게서 다 떨어지면 좋겠다.

까치 세 마리가 까마귀 한 마리를 쫓아다니며 괴롭히고 있다.
예전엔 저놈들이 왜 저러나 하고 일어나서 창을 열고 봤을 것 같은데 오늘은 그냥 이대로 의자에 앉은 채 쫓고 쫓김을 있는 그대로 바라보고 있다.

마음이 평온한 봄날 저녁이다.

그냥 그런 풍경을 그냥 그대로 평안하게 즐기고 있고, 그래서 바람 한 줄기 다시 불어와 흔들리는 소나무 가지에서 금빛 햇살이 사라진 걸 알게 되었어도 소나무 가지는 그냥 그대로여서 마음이 평온해진다.

아무것도 지금의 몸과 마음을 흔들지 않았으면 좋겠다.
지금 잠시 동안은 온 세상의 평화가 내게 와 있기 때문이다.

5월 25일의 장미…

　며칠이나 이렇게 사람들이 몰려들지 모르겠다. 이 공원을 장미 공원이라 이름 붙인 이듬해부터 이렇게 몰려들지만 유독 내 옆에 얼굴 붙이고 사진 찍고 싶어 하는 사람들이 줄을 선다.

　난 분홍색만 피어 있는 이 화단의 정중앙에 혼자 빨간색으로, 그것도 송이가 아주 큰 상태로 피어 있어서 단연 눈에 띌 수밖에 없고 그래서 단체로 온 어린이집 꼬맹이들부터 휘어진 지팡이 짚고 오는 경로당 노인들까지 내 옆에서 잠시 머물면서 핸드폰 카메라 속으로 얼굴 한 번씩 디밀고는 사라진다.

　오늘은 일요일이다. 그래서 그런지 사람들이 아침부터 많이 온다. 그런데 달갑지 않은 사람들이 있다. 행색과는 너무도 어울리지 않는 비싸고 큰 카메라를 메고 와서 내 앞에 삼발이를 세워놓고 그 옆에 휴대용 의자 하나 펴놓고 앉은 채 내 얼굴을 긴 시간 혼자 독차지하려는 사람들이다. 그런다고 내가 더 이쁘거나 달라지는 게 없는데 왜 그러는지 도무지 이해가 안 가고 가끔씩은 다른 사람들과 말다툼을 하기도 한다.

 오늘도 그런 사람 하나가 해 뜨자마자 오더니 그렇게 삼발이에 엄청나 보이는 카메라를 설치하고는 의자에 앉아 졸고 있는데, 얼굴에 수심 가득한 한 여자가 내 모습을 보고는 얼굴이 활짝 피어 사진 찍으려고 왔다가 "아니, 이 자리 전세 냈나요?" 하고 시원하게 톡 쏘는 한마디 하고는 사라지더니 다시 와서 삼발이 사이로 핸드폰을 넣어보고 사진을 찍는다. 그리고는 셀카를 찍으려고 돌아서면서 "이거 잠깐만 치워도 되나요?" 한다. 마지못한 표정으로 삼각대를 들어 조금 옮겨 주니까 여자 얼굴의 수심은 순간적인 환한 미소로 둔갑을 하고 핸드폰 속에 실제와는 전혀 다른 흔적을 남긴다.

 인간들은 저렇게 수시로 얼굴 표정을 바꿀 수 있으니 얼마나 편할까?

 오늘은 또 얼마나 많은 사람들이 실제 감정과는 다른, 한결같은 환한 미소로 내게 얼굴 붙이고 사진을 찍어댈지 모르겠다. 내 모습이 그렇게 좋은가?

하지만 난 오늘 저녁부터는 시들어 갈 것 같은데…

온라인 부고(訃告)

카톡~

새벽 3시 조금 넘었다. 눈은 떴는데 이 시간에 잠을 깨우는 소리가 정말 달갑지 않다. 그래도 혹시 무슨 급한 일인가 싶어 핸드폰을 열어본다.

온라인 부고(訃告).

세상 좋아졌지만 좋아진 만큼 불편해지고 있다는 사실이 순간적인 느낌으로 새벽잠 깬 머릿속을 긁어댄다.

시간, 장소에 구애받지 않고 언제든 어디에 있든 연락이 된다는 사실은 좋아진 것일 테지만 새벽 3시에 친소 관계라고 따질 것도 없는 그저 이름만 알 뿐인 사람의 부고를 받는다는 사실은 엄청

불편한 일이 아닐 수 없다.

'깊은 애도와 명복을 빌어 주시기를 바랍니다'라는 말과 사망일시는 물론 빈소 위치 및 발인 시간에 대한 정보와 함께 '마음 전하는 곳'이라는 우회적 표현으로 조의금 입금 구좌도 상세하게 적혀 있다.

고인에 대한 조의를 표한다는 그 자체는 전혀 잘못된 일이 아니겠지만 정말 이름만 들어봤던 사람의 장례식에 가거나 조의를 표할 만큼 난, 70년을 넘기며 살았어도 그렇게 너그러운 仁者의 반열에 오르지 못한지라 "에휴~"하는 한숨과 함께 생각 없이 부고를 뿌린 사람을 잠시 탓하면서 핸드폰을 접어버린다.

60명이 넘는 단체 톡방에 올라온 부고.
이 새벽에 '삼가 고인의 명복을 빕니다'라는 똑같은 문구가 '카톡' 사운드를 동반하고 쉴 새 없이 이어지고 있다.

갑자기 '온라인 부고(訃告)'가 거리에 흩뿌려진 염가 세일 상품의 광고지처럼 느껴진다.

♀ 추가 정보

상주 말씀
부고 소식을 전합니다. 개별 연락을 드리지 못함을 너그러이 양해 부탁드리며, 모바일 부고장으로 대신 알려드립니다.
23일 오전 10시부터 조문이 가능합니다.

♀ 마음 전하는 곳

아들 · 홍길동 · 대한은행
123456-78-9012345

계좌복사

♀ 위로의 꽃을 보내신 분들

삼가 故人의 冥福을 빕니다
서울 비즈니스 클럽 회원 일동

위로의 꽃보내기

출근길의 기억 하나

―――

　어둠을 뭉개고 반죽하여 만들어진 빛이 새벽을 만들고 아침을 만들어 잠들었던 눈을 뜨라고 한다.
　열린 창문이 좁다고 뒤엉켜 비집고 들어오는 아침 바람이 몸을 일으키게 하고, 베개 자국 확실하게 자리 잡은 머리칼과 게슴츠레한 눈빛을 반사하는 거울이 세면대로 발길을 옮기라고 한다.

　오랜 세월 한결같이 하루 세 번씩 채워달라는 위장의 신호가 오늘 아침도 식빵 두 쪽, 계란 하나, 바나나 하나, 토마토 한 알, 커피 한 잔의 고정된 식사를 차리게 하고, 안 입어도 별 볼 일 없는 몸이지만 변하는 온도에 적응해야 한다는 체온의 강요와 사회적 시선에 부응하려는 습관의 작용에 옷을 입고 나선다.

직장 생활 마지막 해의 하루가 또 이렇게 똑같은 패턴과 시간표로 시작된다. 주차장으로 내려간다. 일곱 살짜리 어린애 이빨 빠진 듯, 차 몇 대가 벌써 빠져나갔다. 오늘은 아파트 단지 입구의 차단기가 아예 올려져 있다. 또 고장인가 보다. 관리비 한번 밀린 적 없이 내고 있는데 왜 저리 부실한 시설물을 설치했는지 알 수가 없다. 며칠 전에는 퇴근해 들어오는데 엘리베이터가 또 고장 나서 1층에 입 딱~ 벌리고 멈춰 있었고, 12층까지 계단으로 올라가는 게 기가 막혀서 닫히지 않는 그놈 아가리를 속절없이 몇 번 들어갔다 나왔다 했었다.

큰 도로로 나섰다.

사거리에서 좌회전해야 한다. 그런데 어제까지도 보였던 신호등이 없다. 무슨 공사를 하는 건가? 하지만 공사와 관련된 것은 아무것도 보이지 않는다. 다른 차들을 둘러본다. 와~ 이게 무슨 일이지? 신호등이 없는데 차들이 제멋대로 좌회전, 우회전, 직진, 정지하고 있고, 출근길인데도 전혀 막힘이나 경적 소리 없이 운행하고 있다. 갑자기 내 차 실내에서 삐~ 하는 소리가 들리고 좌회전 깜빡이가 점멸하면서 '천천히 좌회전 하십시오'라는 소리가 머리 위에서 들린다. 이게 무슨 일이지? 갑자기 뭔가 한꺼번에 이상해진 느낌과 소름이 돋는 것을 느끼면서 무의식적으로 좌회전을 한다.

더 이상한 건 아무도 운전대를 잡지 않고 있고 심지어 신형으로 보이는 듯한 차에는 핸들조차 없다. 운전석에 있는 사람들 모두가 차가 달리는데도 앞을 보는 게 아니라 핸드폰이나 무슨 모니터 같은 것을 들여다보고 있다.

뭐가 잘못되었나? 정지나 주행, 좌회전 우회전 등의 신호 정보가 모두 차 안의 스피커로 전달되고 있는데 그렇다면 다른 차들도 마찬가지라는 얘기겠지? 핸들이 아예 없는 차는 자율주행일 것이라는 생각이 들면서 다시 한번 소름이 돋는다.

사무실 빌딩의 주차장으로 내려간다. 갑자기 내비게이션 화면에 주차 가능한 빈자리 위치표시가 뜬다. 순간 머리가 띵해진다. 세상 뭐가 어떻게 돌아간 거지? 어젯밤 잠이 오지 않아 한참을 뒤척이다 겨우 잠들었었는데 불과 하룻밤 사이에 세상이 이렇게 달라지다니~

두 개 남은 주차 자리 중 하나를 누가 먼저 올까 봐 일단 가로막고 보는데 어라~ 주차 자리 벽면에 내차 번호가 미리 떠 있다.

주차를 하고 빌딩 출입문 앞으로 가니까 "안녕하십니까?" 하는 인사말과 함께 문이 자동으로 열리더니 들어가니까 바로 닫혀버린다. 내가 직원이라는 것을 어떤 장치로 인지했는지 모르겠다. 3층에 멈춰 있는 2번 엘리베이터 앞에 섰는데 8층에서 내려오고 있는 1번 엘리베이터에서 초록 불이 깜박이며 "이 엘리베이터를 타십시오."라는 음성 멘트가 나온다. 2번 엘리베이터는 다시 2층에 멈추었고 그 사이 1번 엘리베이터는 1층까지 바로 내려온다.

저걸 어떻게 알고 알려주나?

짜증 나게 막히는 출근길의 운전, 주차, 그리고 사무실에 올라오는 엘리베이터 타기까지의 상황이, 오늘은 머지않은 미래에 볼 수 있을 것 같은 상상 속 모습으로 변환되어 아침의 뇌리를 스쳐간다.

이별의 행복

―――

  집 뒤편을 흐르는 개울은 정비가 잘 되어서인지 가운데 낮은 골엔 항상 물이 흐르고 가끔씩 백로가 먹이를 찾느라 머리를 처박는 모습을 보이기도 한다. 그 낮은 골 양옆으론 자갈 많은 풀밭이 물길을 따라 길게 이어지고 또 그 옆으론 걷는 사람, 자전거 타는 사람들을 위한 산책길이 붉은빛을 띤 갈색으로 산 밑까지 다다르고 이 산책길은 개울을 건너게 해주는 예쁜 다리 밑을 가끔씩 내려갔다 올라오기도 한다.

  억세게 비가 오는 어느 가을날 초저녁, 왠지 모르게 마음도 비에 흠뻑 젖어 하염없이 그 산책길을 걸으며 산 쪽 가까운 다리 밑을 지나다가 물 건너편 다리 밑에 처음 보는 듯한 찢어진 천막을 발견했고 천막 옆, 낡은 의자에 앉아 물끄러미 불어난 물길을 바라보고 있는 초라한 행색의 남자를 보게 된다.

　이유 없이 나도 모르게 다리 밑, 단 한 개밖에 없는 벤치에 앉아 물길 반대편 남자를 응시한다. 한참 동안 물만 바라보던 남자가 내 시선을 그제야 느낀 듯 나를 쳐다본다.

　"왜 거기 계시나요?" 무의식적인 내 질문의 말소리가 나도 놀랄 정도로 크게 들린다. 아~ 다리 밑이라 소리가 갇히는구나. 순간적인 판단에 뒤따라 들려오는 힘 없는 답이 다리 밑을 건너온다.
　"남이야 여기 있든 말든 무슨 상관이슈?" 시비조로 들리기도 하였지만 수염이 덥수룩해 보이는 그의 얼굴은 너무도 평온해 보였다.
　"그냥 혹시 무슨 도움이 필요하신가 했지요."
　내 말은 또다시 물살을 응시하는 남자의 눈길에 한동안 무시당하다가, 생각지도 못한 답변을 물고 건너온다.

　"모든 걸 이별하니 그게 내 인생 최고의 행복입니다. 난 그 행복을 저세상까지 어떻게 가져갈지 생각 중입니다. 저세상에도 행복한 이별은 분명히 존재할 겁니다."

　비범한 답변에 잠시 고개만 끄덕이다 "비 와서 그런지 서늘해지네요. 먼저 갑니다." 하면서 일어나니 "잘 가시오~" 한다.

깊은 여운을 남긴 그날 그 남자의 말. 그리고 그 후 두 번의 마주침이 전부였던 그에 대한 기억.

'이별이 행복했다'는 그의 인생은 과연 어떤 인생이었을까?

그리고 내 인생에서 이별이어서 행복한 것은 무엇이었을까? 아니 행복하게 이별할 것들은 무엇일까?

1971년 어느 날

삼선교를 지나 잠시 언덕을 오른다. 다 쓰러져 가는 대문을 열고 들어가 연탄아궁이 위에 놓인 쪽마루에 앉아 신발을 벗는다. 저녁 먹으려면 바로 밥을 해야 하는데 아궁이 옆 물통을 보니 새벽에 받아 둔 물이 없어졌다. 누군가 또 훔쳐 갔다.

평양에서 선생으로 지내면서 궁색은 면하고 살던 이 집 주인은 6·25 때 얼떨결에 피난길에 휩쓸려 산을 넘고 강을 건너 내려오다 정처는 없지만 더 내려가려다 잠시 쉰다고 머물렀던 이곳에 대강 잠자리를 마련한 것이 이 집이 되었다고 했다.

이 집 귀퉁이 쪽방 하나를 얻어 나는 자취생이 되어 들어왔고, 새벽이나 늦은 밤에만 받을 수 있는 수돗물을 겨우 받아놓으면 누군가-게을러 터진 안집 딸들이거나 아니면 안동에서 올라와 권투 도장 다니고 있다는 옆방 형이겠지만- 자주 이렇게 훔쳐 가고 빈 물통만 덩그러니 남게 되면서 내 배는 하루나 이틀 급식을 못 받게 된다.

 어쩔 수 없는 형편이었기에 부모님은 서울에 있는 고등학교에 합격한 나를 맡길 친척이나 아는 사람이 없어 사흘 발품 팔이 수소문 끝에 이곳을 찾게 되었고 그나마 연탄아궁이가 있어 자취방으로 정하고는 반은 비가 새는 대문 옆 창고에 연탄 백 장을 다짜고짜 주문하여 쌓아주고 바쁜 농사일 때문에 바로 내려가셨다.

 부모님이 계신 시골집은 옆구리에 있는 배추밭의 지독한 거름 냄새가 여름내 코를 괴롭히긴 해도 우리 집이었고, 푸성귀부터 닭, 돼지를 키우면서 그럭저럭 먹을 게 부족하진 않았고 화단을 가운데에 둔 마당은 문밖에 나가지 않아도 딱지치기, 팽이치기, 자치기, 땅따먹기, 칼싸움 놀이에 좁다는 느낌을 받은 적이 없었다. 그런 집에서 중학교를 마칠 때까지 살다가 서울에 올라와 갑자기 대청도 마당도 없는, 대문이 코앞에 있는 좁은 단칸방에서 자취를 하게 될 줄은 미처 상상도 하지 못한 일이었고 이런 집에서 살고 있는 안집 주인 식구들, 그리고 셋방 사람들이 대단한 인내력을 지니고 있는 것은 아닐까 하는 생각을 하기도 했다.

 밥을 해야 하지만 물이 없으니까 그저 귀찮기만 하다.

아, 저녁노을이 너무도 아름답다.

가끔 올라가는 뒷산의 살짝 기울어진 바위에 올라가 빈 뱃속을 노을 풍경과 詩想으로 채워나 볼까?

죽음에 대하여

―――

죽는다는 것은 어떤 것일까?

사실 사람은 살면서도 매일 잠이라는 죽음을 경험하고 있는 것은 아닐까 하는 생각을 해본 적이 있다. '그렇다면 꿈은 사후 내 영혼의 존재함을 보여주는 것일 수도 있지 않을까?' 하고 연상해 봤지만 사실 잔다는 것은 육신이 살아 있는 상태에서 잠시 의식이 동반된 행동만 멈추는 것이라고 스스로 정의하고 말았던 적이 있다.

어제도 꿈을 꿨다. 꿈에서 죽는 꿈을 꿨다. 누구에게 하는 말인지는 모르지만 가슴이 답답하다고 하면서 내가 죽는 것이냐고 물었더니 그렇다고 고개를 끄덕인다. 죽으면 나는 어디로 가느냐고 물었더니 자기도 죽어보지 않아서 모르겠다고 한다. 다른 말도 몇 마디 했던 것 같은데 더는 기억이 나질 않고 또 다른 꿈을 꾸다가 깼다.

 죽는다는 것은 과연 어떤 것일까? 아니 대체 죽음이란 무엇인가? 전등을 켤 생각도 없이 새벽의 어둠 속 깜깜한 허공을 응시하면서 내게 묻는다.

 숨을 더 이상 쉬지 않는다는 것은 첫 번째로 다가오는 물리적 현상일 게 분명하다. 그리고는 주민등록상에 사망 사실을 기록하기 위한 사망진단이 이루어질 것이고 사흘 정도 육신의 형태가 보존된 다음 화장하여 재가 되어 뿌려지거나, 항아리에 한 줌으로 들어가거나 아니면 관에 들어 흙 속에 눕게 될 것이다. 가시적인 나의 죽음은 그런 절차를 거치는 동안만 형상화되어 있다가 나를 기억할 소수의 머릿속에 크고 작은 기억의 형태로 남아 있을 것이고, 그 기억조차도 각자 삶의 풍파에 시달리는 동안 시차를 두고 닳아 없어질 것이다. 내가 나와 인연이 되었던 고인들의 죽음에 대한 기억을 그렇게 잃어갔듯이…

 "믿으면 천당 가고 안 믿으면 지옥 갑니다." 사람 많은 지하철 안에서 소리치며 지나가는 교인을 몇 번 본 적이 있다. 그 사람이 든 피켓에 사람들은 거의 눈길도 주지 않지만, 몇몇의 눈초리는 달갑지 않다고 쏘아보고 있는 게 보통이어서 그런 사람 볼 때마다 '저렇게 선교하면 욕 먹지…' 하는 한심한 느낌이 들곤 한다.

실제로 천당에 가본 적 있거나 지옥에 가본 적 있는 사람이 있다면 저런 사람을 보고 무슨 말을 할지 궁금해진다.

 죽는다는 것.
 따지고 보면 정말 별일 아닌 것 같기도 하다.
 그저 지구 생물계의 윤회 현상 중 하나일 뿐이라고 생각할 수도 있고…

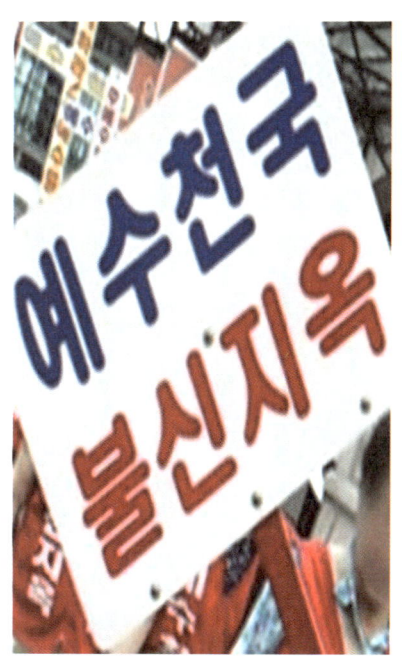

다 그런 거지…

처음엔~

처음 볼 땐 우연으로, 두 번 볼 땐 궁금으로
세 번 볼 땐 관심으로, 네 번 볼 땐 설렘으로
다섯 번 볼 땐 그리움으로, 여섯 번 볼 땐 내 님으로
일곱 번 볼 땐 사랑으로, 여덟 번 볼 땐 믿음으로
아홉 번 볼 땐 행복으로,
열 번 볼 땐 나는 너, 너는 나로~

지내보면~

처음 대화엔 경청하고, 두 번 대화엔 공감하고
세 번 대화엔 감동하고, 네 번 대화엔 행동하고
다섯 번 대화엔 동행하고, 여섯 번 대화엔 혼자하고
일곱 번 대화엔 지루하고, 여덟 번 대화엔 무시하고
아홉 번 대화엔 경멸하고,
열 번 대화엔 너도 아니고, 나도 아니고~

나중엔~

처음 다툼엔 아차 하고, 두 번 다툼엔 미안하고
세 번 다툼엔 자책하고, 네 번 다툼엔 의아하고
다섯 번 다툼엔 정당하고, 여섯 번 다툼엔 황당하고
일곱 번 다툼엔 분노하고, 여덟 번 다툼엔 비참하고
아홉 번 다툼엔 폭발하고,
열 번 다툼엔 너는 너, 나는 나로~

혼자였다 함께였다 다시 혼자가 되는 것

다 그런 거지…
다 그런 거야…

새벽 단상

어둠 1: 눈을 떴다. 또 어둠이 가득한 새벽이다. 잠시 허공을 바라본다. 이럭저럭 70년 넘게 살고 있다. 대강은 잘 살아온 것 같지만 그만 한 아쉬움의 그림자도 따라오는 것 같다. 창틈으로 어슴푸레한 가로등 빛이 스며든다. 삶의 아쉬움이 딱 저 어두운 조명 정도 될 것 같다.

어둠 2: 이불 밖은 공기가 차다. 일어나기 싫어서 그냥 누워서 뒹군다. 그렇다고 다시 잠이 올 것 같지는 않다.
 이불 속에 있으면서도 왠지 으스스한 느낌이다. 발의 차가움을 허벅지로 올려본다. 허벅지는 따뜻하고 발바닥은 차갑다. 같은 몸뚱아리인데 왜 이렇게 다를까?

어둠 3: 아랫배가 부글부글하더니 가스가 나오고 소변을 봐야 할 것 같아 이불 속 행복을 잠시 걷고 차가운 어둠으로 기어 나간다. 불 켜기 싫고 소변 소리 내기도 싫어서 더듬더듬 화장실에 가서 앉아서 소변을 본다. 가벼운 시원함이 아랫배에 전해진다.

어둠 4: 할 일이 없어 죄 없는 핸드폰을 열고 이것저것 뉴스도 광고도 동영상도 흘깃거린다. 따지고 보면 모든 소식이 결국엔 사람 죽이는 역사를 쓰고 있는 것 같다. 전쟁이 그렇고 물가가 그렇고 돈 쓰라고 악악대는 광고가 그렇고~ 다 짜증 나는 소식인 것 같아 하얀 화면의 까만 소식들을 덮어버린다.

어둠 5: 그냥 지금은 다시 어두운 이불 속. 고요한 어둠에서 행복을 느낀다. 이렇게 어둠의 색이 아침의 색으로 바뀌고, 아침이 낮의 색으로 바뀌고 다시 어둠의 색으로 되돌아올  때까지, 난 이 행복을 무념무상으로 되새김하고 싶다. 그래서 잠은 오지 않아도 다시 눈을 감는다.

답답한 순간의 추억

―――

운전 중에 갑자기 발바닥이 가려웠다.

외식하고 나오다 다른 사람의 신발 신고 나온 적이 있었지.

음식물 쓰레기 버리려 나가다가 실수로 엘리베이터 안에다 다 쏟았던 적.

봄날 등산하는데 눈앞에서 왔다 갔다 하던 날파리가 갑자기 입 안으로 들어왔을 때.

천둥 치듯 코골며 자다 깨서는 너는 왜 안 자느냐고 물어봤었지.

모기 잡겠다고 손바닥으로 내리쳤는데 모기는 못 잡고 손바닥만 아픈 적이 있었어.

18시 약속을 8시 약속으로 알고 나가다 아차 하고 그냥 들어온 적이 있었고.

어릴 적 물구나무서면 바닥이 천장이 되는 게 신기했었지.

비 오는 날 우산 쓰지 않고 왔다가 별 가득한 밤에 맨발로 가면 되는 게 인생이라고 생각한 때가 있었다.

초4의 인생

―――

초등학교 4학년생 손자를 데리고 치과에 왔다.

맞벌이하는 아들 내외가 병원에 데려갈 시간이 없다길래 내가 데려왔는데 어금니 한쪽에 좀 깊게 충치가 생겨서 신경치료를 해야 한다고 한다.

영어 학원에서 끝나자마자 바로 병원으로 왔는데 녀석의 표정이 많이 긴장된 것 같아 안심시킨다.
"아픔을 느끼지 않도록 마취 주사를 놓을 것이고 감각이 둔해졌을 때 충치가 발생한 부분을 긁어내고 이빨 안쪽으로 나 있는 신경 끝부분 염증이 생긴 부분을 제거하는 치료란다." 여러 번의 경험을 거친 나 자신의 얘기라서 아주 해박한 지식인 듯 자세히 설명하면서 긴장하지 말라고 타이른다.

그래도 안심하지 못하는 표정이 안쓰럽다.

잠시 후 진료실로 불려 들어가 마스크를 쓰고 진료대에 눕는 걸 보고 나왔는데, 멀쩡한 사람조차 극도로 듣기 불편한 날카로운 드릴 소리가 한참 동안 이어지고 있다. 그래도 손자의 비명이나 소리는 들리질 않는 걸 보니 잘 참고 있나 보다. 거의 40분이 지나서야 나왔는데 얼굴이 많이 상기되어 있다.

나오면서 하는 말 – "아~ 등에 열이 나는 것 같아 혼났어요."
어느새 이빨 신경치료를 견딜 만큼 컸구나 싶어 대견해 보인다.
그러면서 하는 말 "할아버지, 내 인생도 힘들어요." 한다. 처음 듣는 말에 어이없어 바라보다가 우선 치료비부터 결제하고 나오면서 물어본다.

"아니, 네 인생이 뭐가 힘들다는 거냐?"
"할아버지 모르세요? 학교 갔다 오면 놀고 싶은데 놀 친구들은 모두 학원으로 가고, 못 나가면 집에서 핸드폰 보거나 게임하면서 쉬고 싶은데 엄마 아빠가 해놓으라는 숙제나 과제가 있어서 그거 하고 나면 놀 시간이 없단 말이에요. 그러니까 제 인생이 고달픈거죠."

얼마 전에는 내게 "할아버지, 고민이 생겼어요. 나 어떡해요?"

하면서

"아무한테 얘기 안 한다는 약속해 주시면 할아버지한테만이라도 얘기하고 싶어요." 하더니 "약속한다."라는 말에 "오늘 집에 오는데 어떤 또래 4학년 여자애가 뒤따라오면서 '너랑 사귀고 싶다'면서 다음 주에 답을 해달라고 했어요."라고 하길래 속으로 놀라면서 마땅한 말이 생각이 나질 않아서 "천천히 생각해 보고 답해 준다고 하는 게 좋겠다."라고 했는데 그게 맞는 말인지는 나도 모르겠다.

그래, 초등학교 4학년이라고 마냥 인생이 행복하진 않겠지. 너희들은 너희들 세상이 있으니 나름대로 인생이 고달프다고 느낄 수 있겠구나.

하긴 갓난아기도 말할 줄 안다면 나름 인생 고달프다고 할 것 같다.

밤꽃 회상

거실 창문으로 한가득 들어온 초여름 산자락 풍경 속에 밤꽃이 만발했다. 초록빛 바탕에 우윳빛 물감을 덧칠한 것 같다. 저기 밤나무가 저렇게 있었나?

한참을 무심히 바라보는데 꽃이 가득 핀 밤나무 밑으로 군가를 부르며 지나가던 훈련병 시절이 떠오른다. 그 모습이 보이고 군가 소리가 들린다.

"겨레의 늠름한 아들로 태어나~ 조국을 지키는 보람찬 길에서
 우리는 젊음을 함께 사르며 깨끗이 피고 질 무궁화꽃이다~"

저 밤꽃 밑을 군가를 부르며 지나면서 눈물 한 방울 흘린 적이

있었다. 혹독한 훈련이 힘들어서가 아니라, 이유 없이 두드려 맞았던 아픔 때문이 아니라, 철저히 무시당하는 자존감 때문이 아니라, 그냥, 흐드러진 밤꽃을 보고 그 냄새를 맡는 순간 울컥 치미는 고향 생각과 스치는 부모님, 형제들 생각에 나도 모르게 눈물 한 방울 떨구는데, "더 크게~" 하고 외치는 조교의 칼날 같은 구령은 오히려 잠깐 동안 쉰 목소리를 내뱉게 하기도 했었다.

남들보다 땀을 많이 흘리는 체질 때문에 원래의 진초록 군복은 땀으로 배출된 소금기가 하얀 지도를 그리고 있었고, 초록색은 탈색되어 연한 노란색을 띠고 있었기에 하사관 학교 졸업식 날, 훈련소장이 나를 직접 지목하는 일이 생기기도 했었다. 하지만 탈색된 군복 문제는 결국 제대하고도 한참 지난 후 어떤 장군 한 명의 엄청난 착복 비리가 원인이었던 것으로 밝혀져 세상이 떠들썩해지기도 했었다.

밤꽃을 쳐다보는 눈동자와 귀에 군 시절의 한때가 잠시 머물다 사라진다.

거실 소파에 무념무상으로 앉아 있는 이 순간은 언제 또 기억의 한 편이 되어 어느 곳에서 아련한 회상으로 살아날까?

이제 일어나 운동이나 나가봐야겠다.

멸치 대가리

―――

'鷄肋(계륵)'. 삼계탕을 먹다 보면 정말 계륵은 바로 버리기에는 아깝고 그렇다고 들고 뜯어먹자니 먹을 게 없어서 두어 번 국물만 빨아먹다가 따라 들어오는 작은 살점이 있으면 그것도 살이라고 삼키고는 잽싸게 버리게 된다.

하지만 난, 멸치 대가리를 계륵보다는 귀하게 여기는 것 같다. 보통은 대가리를 따서 버리고 몸통만을 먹지만, 볶은 멸치는 대가리까지 다 씹어 먹는다.

아내는 언제나 국이나 찌개에 들어가는 멸치를 대가리를 따지 않은 채 통째로 넣고 조리를 하지만 막상 먹을 때는 멸치 맛이 다 우러났다고 멸치는 그대로 다 버리는데, 난 그걸 하나하나 대가리를 발라내고 몸통을 먹어치운다. 멸치살의 약간 짭짤하면서도 쫄깃하게 씹히는 그 맛이 그런대로 고소한 맛과 더불어 작은 생선 한 마리를 통째로 먹는 듯한 살짝 과장된 느낌마저 즐길 수 있기 때문이다.

  난, 술을 안 먹지만 어릴 적 시골 우시장 한 귀퉁이 선술집 앞에서 소주를 마시는 사람들을 보면 그들은 항상 소주 한 잔에 멸치 한 마리를 고추장에 찍어 안주로 먹곤 했는데, 먹을 때 대가리를 따내고 몸통만 잘근잘근 씹어 먹는 모습을 보고는 '멸치는 대가리를 따내고 먹어야 하는구나' 하는 나름 성숙한 진리를 깨닫게 되었다. 그때부터 어머니가 해주시는 국수에 담긴 멸치를 의젓하게 대가리를 따내고 우아하게 몸통만 먹었던 것이 그다음부터는 어느 음식에 들어 있든지 멸치라고 보이는 것은 모조리 대가리를 따내고 먹는 습관이 생겼고, 아마도 그 버릇은 여든을 넘겨도 버리지 않을 것 같은 느낌이다.

  내 신조는 멸치는 맛을 우려냈어도 대가리를 따고 먹으면, 그리고 볶은 멸치는 대가리 있는 채로 먹어도 나름 맛있는 생선 한 마리를 먹는 것이라는 거다.

  지금도 김치찌개에 들어 있는 멸치 하나를 집어 대가리를 따내는데 갑자기 드는 생각 하나 – '지금까지 살아오면서 나는 누구에게 멸치 대가리였을까? 누구에게 멸치 몸통이었을까?'

멸치를 씹어 먹으며 누가 나를 대가리로 아니면 몸통으로 생각했을지 궁금해진다.

건강검진 수치

내가 요놈의 수치와 싸운 지가 꽤나 된 것 같다.

아침 공복 혈당 수치 152. 당화 혈색소 8.3.

대략 10년 전 어느 여름날, 아침 일찍 뱃속에서 '꼬르륵~' 화음이 들리는데도 참아가며 채혈을 하고, 내시경 검사를 하고, 가슴에 무슨 젤 같은 걸 바르고 하는 초음파 검사 등 종합 건강검진을 받았는데 2주일 후의 검사 결과지에 저 수치가 붉은색으로 표시되어 있었고 종합 의견 칸에 쓰인 '조속히 내분비내과에서 진료받으시고 치료받으셔야 합니다'라는 경고 문구에 겁먹고는 하라는 대로 내분비내과에 예약하고 진료받고 약을 처방받고 식이 조절과 운동 요법을 교육받은 후부터 당뇨환자라는 꼬리표를 붙이게 되었다.

　어머니가 당뇨 합병증으로 큰 고생을 하시다 돌아가신 후부터 우리 형제들 사이에서는 '당뇨를 조심해야지~' 하는 공통된 캐치프레이즈가 가슴 깊이 새겨지게 되었지만, 한동안 내 안에서는 잠자는 구호가 되어 있었다가 건강검진 후 저 수치를 보는 순간 "아~ 내게도 찾아왔구나." 하는 탄식을 내뱉게 되었다.
　그때부터 불규칙적으로, 기분 내키는 대로, 여유 시간 될 때만 하던 운동을 제대로 된 치료 수단으로 삼기로 마음먹고 우선 집안에서 할 수 있는 스트레칭, 페달링, 아령, 제자리 뛰기 등을 번갈아 가면서 하든가 아니면 등산이나 테니스 같은 실외 운동을 특별한 일이 없는 한 매일 온몸이 땀으로 흠뻑 젖을 때까지 하기 시작했다.

　그리고 2년이 지난 후 다시 하게 된 검사에서 당화 혈색소 7.5가 나왔고 이 수치로는 아직 멀었다는 의사의 시큰둥한 반응에 운동 시간과 음식 조절에 신경을 더 썼더니 점점 내려가면서 급기야 금년에는 6.4까지 내려놓을 수 있게 되었는데 요즘은 샤워할 때마다 다리 근육이 예전과는 다르다는 것을 느끼면서 은근한

Uric Acid(요산) (mg/dL)	
결과	6.0
참고치	3.5~8.0

Cholesterol(콜레스테롤) (mg/dL)	
결과	120
참고치	다중참고치

Total Protein(총단백) (g/dL)	
결과	6.7 ▼
참고치	6.9~8.3

Albumin(알부민) (g/dL)	
결과	4.2
참고치	3.4~5.3

T. Bilirubin(총빌리루빈) (mg/dL)	
결과	0.8
참고치	0.3~1.8

자부심을 갖기도 한다.

　요즘도 티브이에서는 건강 관련 프로그램들이 끊임없이 이어지고 있고 그걸 보고 있으면 '내 몸은 종합병원이 아닐까' 하는 느낌을 갖곤 하는데, 뉴스는 의학 발전으로 인한 백세 시대를 심심찮게 보도하고 있고 실제로 내 친척 중에도 구십을 넘은 분이 넷이나 있을 정도여서 가끔은 노인으로 가득 찬 길거리, 지하철을 연상해 보기도 한다.

　오늘도 페달링 하고 있다가 부고를 받았는데, 돌아가신 분 연세가 103세.

　잠시 페달 돌리던 발을 멈추고 생각에 잠긴다.
　지금 나는 나름대로 몸은 건강한 상태이다. 즐겁게 생활하고 있다.
　하지만 몸이 건강하다는 이유로 아무 생산성 없이 앞으로 30년 가까운 삶을 자식들 세대에 짐을 지우면서 산다면, 그게 무슨 의미가 있을까?
　치매 같은 병에 걸린 채 장수를 누린다면 얼마나 수치스러운 여생일까?

　아무리 생각해도 그렇게 사는 건 소위 '나답게 살다 가련다'라는 의지와는 완전히 상반된 삶이 될 것 같다.

그렇다면 나는 앞으로 어떻게 살다 갈 것인가?
내 삶의 끝을 내가 원하는 시간에 내가 원하는 방법으로 매듭지어 버릴 수는 없는 건가?

다시 페달을 밟는다…

금오산의 추억

야~~ 호~~,
야~~ 호~~

새벽 다섯 시.

국민학교와 교육청 건물 사이로 난 좁은 길을 따라 아직도 졸린 눈을 비비며 산에 오른다. 옆방에 세 들어 살고 있는 덩치 큰 형이 가르쳐준 대로 운동 겸 발성 연습을 해야 한다는 형의 강요에 할 수 없이 끌려 나와서 산을 오르는데 나는 아직도 하품이 난다.

그래도 왠지 아침 이슬에 살짝 젖는 발목의 시원함이 기분 좋다.

야~~ 호~~,
야~~ 호~~

봉우리에 올라, 있는 힘껏 소리를 지른다.

그리고는 발성 연습한답시고 교과서에 있는 〈오 솔레미오〉, 〈카로 미오 벤〉이나 한국 가곡 몇 곡을, 형을 따라 부른다.

그제야 해가 뜬다. 이미 여명은 밝아지고 있어서 산에 올랐지만 뜨는 해를 정면으로 바라보면 정말 감흥이 새롭고 가슴이 탁~ 트인다.

한 시간 정도 있다가 내려간다. 뛰어서 내려간다. 집까지 뛰어간다.

여름방학의 일상이 이렇게 이어진다.

그리고는 얼마 후 아버지 생신 식사에 초대된 동네 아버지 친구분 중 한 분이 하는 말 – "아, 글쎄 어떤 놈들이 꼭 새벽녘에 산에 올라가 꽥꽥 소리 지르고 노래 부르고 하는디, 시끄러워 죽겠어~ 어떤 놈들인지 여기 읍내 애들일 텐디 잡아서 혼 좀 내줘야지 안 되겠어~"

속으로 찔끔하면서 형을 쳐다보니 형도 날 보면서 킥~ 하고 웃었는데, 그 후로 며칠은 산에 못 갔던 기억이 난다.

그랬던 그 시절의 흔적으로 친구들 사이의 내 별명은 노래 못하는 '마리오 란자'가 되기도 했었다.

볼품없고 바위 하나밖에 없는, 나무도 별로 없는 작은 산이었지만 내게는 아련히 부푼 꿈을 갖게 만든 정겨운 산이었는데, 지금은 그 허리 아래에 개발이라는 이름으로 헐리고 뜯긴 자국이 가득해서 어쩌다 성묘차 오가는 길에 볼 때면 오랜만에 본다는 설렘보다는 애잔함을 갖게 만든다.

그래도 가끔씩 가보고 싶어진다. 그 옛날 그 산으로…

귀성길의 기억 한 편

　동생 내외가 프랑스로 유학 이주를 하면서 내게 넘겨준 현대 프레스토 자동차를 그동안 아껴 탔는데, 이번 설 명절엔 어린애 둘을 데리고 고속버스나 기차로 갈아타면서 이동하기가 너무 힘들 것 같아서 그 차로 귀성길에 나섰다.
　차에는 설 지낼 음식 재료와 부모님 선물 그리고 사흘 묵는 데 필요한 것들과 둘째 아들 자전거까지 실어놓으니 차 트렁크 문을 닫기 힘들 정도였고, 두 애들 사이에는 오래 걸릴 것을 대비해서 간식과 음료가 든 가방을 놓고 출발했다.

　정부에서는 신정을 연휴로 사흘을 쉬게 하지만 아버지는 구정을 고집하셔서 어쩔 수 없이 금, 토 휴가를 내고 내려가는데 설 전날 오후 3시 집에서 출발, 경부고속도로 톨게이트에서 통행권 받기까지 두 시간 반이 걸렸는데 통행권을 받고도 5분 섰다 10초 가다를 반복하는 상황이 계속 이어지고 있다.

'지옥 같은 귀성길'이라는 말을 명절 때마다 듣고 겪지만, 이번 설엔 정말 너무 심한 것 같다. 8시 수원 인터체인지 통과. 긴 정차 시간과 밤 시간 덕에 긴급한 소변 문제는 해결했는데, 준비한 간식은 간단한 요기를 위한 것이었기에 밤 12시를 넘기면서 모두의 배고픔을 해결해야 하는 상황이 오리라고는 전혀 예상하지 못했다.

밤 12시 고속도로의 비상활주로를 겨우 지났는데 두 시간 정도 자다 깬 애들이 배고프다고 한다. 앞뒤 좌우 차들로 꽉 막혀 있고 긴 시간 운전에 몸의 피로도가 엄청 쌓이는 것 같아 아까 8시 반쯤 비상활주로 옆에 차를 세우고 나도 좀 눈을 붙이긴 했는데 언제 시골집에 도착할지 도무지 짐작을 할 수 없고 고속도로상에서 기름이 떨어지는 일이 생길까 은근한 조바심도 나고 있었다.

그런데 이 시간. 밤 12시 조금 넘은 시간. 2차선 고속도로 곁 가드레일이 없는 구간에 작은 텐트의 불빛이 보이고 한 떼의 사람들이 텐트 주위에 둘러서서 뭔가를 먹고 있는 모습이 보인다.

필사적으로 차들 사이를 비집고 오른쪽으로 빠져나와 비상등을 켜고 줄을 서 있는 차들 뒤 끝에 붙여 세우고는 내려서 뛰어가 보니 어떤 나이 많은 촌부 부부가 연탄불 두 개 실린 리어카 천막에서 라면을 끓여 팔고 있었고 나도 다짜고짜 라면 네 개를 주문

한다.

 주문받으면서 하는 말. "이 네 개로 오늘 장사 끝이네요." 한다. 그 말을 들으면서 마치 복권 당첨된 것 같은 느낌이 들었으니…

 그 라면 먹고 출발한 게 새벽 2시쯤이었고 천안을 통과한 게 4시경, 온양을 통과한 게 6시 다 되었고 시골집 다 차려진, 식어가는 설날 차례상 앞에 도착한 게 아침 8시가 넘었다.

 봄기운 가득한 창문으로 돌리던 눈길이 잠시 부모님 사진에 머물다가 떠오른 그 옛날 1박 2일의 귀성길이 생생한 기억으로 살아난다. 그때 라면 먹던 곳이라 짐작되는 곳을 이번 성묘 때도 지나갔었다.

 집에서 출발해서 왕복 12차선으로 보이는 광활하게 넓어진 고속도로를 달려 라면 먹던 곳이라 짐작되는 곳을 지나기까지 걸린 게 한 시간. 불과 40년이 채 안 되는 시간의 격차에 담긴 변화의 물결이 얼마나 거세었는지를 한숨 한 줄기 뿜어 내면서 짐작해 봤다.

 천안 톨게이트, 하이패스 차로로 빠져나갔다. 요금 받는 사람도 사라진 지 몇 년이 되는 걸까?

며칠 전, 친구들과의 등산 후 뒤풀이 식사 자리.

테이블 위의 키오스크를 몇 번 터치하다가 헷갈려서 종업원을 불러 그냥 구두로 주문받으라고 했다. 이젠 변화에 대한 수용 능력이 한계에 다다른 것 같다는 쓸쓸한 느낌을 받았다.

AI 시대가 이미 왔다는데…

트로트와 아이돌

───

"당신과 나 사이에 저 바다가 없었다면, 쓰라린 이별만은 없었을 것을…"

중학교 수업 끝나고 땡볕 길을 걸어 집에 와 우물에 가서 시원하게 세수하고 나면 그때쯤 언제나 들리는 노랫소리였다.
본정통에 있는 극장에서 영화 홍보용으로 거의 매일 스피커를 통해 음반을 틀어준다는데, 어쩌면 그렇게 한결같이 이 한 곡만 틀어주는지 귀에 못이 박힐 정도이고 그러다 보니 어쩌다 밥 먹다가도 노래를 불러서 어머니한테 혼나는 일도 생기곤 했다.

특선 전기가 들어오는 우리 집엔 미군부대 군무원으로 근무하시던 작은 아버지의 대단한 빽으로 미제 라디오 하나가 대청 한

가운데 내 키쯤 되는 옷장 위에 자리 잡고 있었는데, 낮에 저 노래가 나오기 얼마 전까지는, 밤이 되면 우리 집 식구들은 물론 좌우 옆방에 세 들어 있는 사람들까지 대청마루에 모여 앉아 '인생은 나그네 길, 어디서 왔다가 어디로 가는가, 구름이 흘러가듯 떠돌다 가는 길에…' 주제가로 시작되는 연속극에 흠뻑 빠져들었다 헤어지곤 했었다.

그런 시절이 지나고 고등학교 때부터 대학 시절, 그리고 그 후 60줄을 넘길 때까지는 트로트 곡에 관심이 없었고 노래를 듣거나 부를 기회가 생기면 가곡이나 클래식 음악을 듣거나 부르곤 했는데, 특별한 이유는 없었으면서도 그룹으로 등장하는 가수들의 노래는 내 취미와는 거리가 멀다는 생각을 하고 있었다. 그래서 언제부터인가 티브이나 인터넷에 오랫동안 못 듣던 트로트 노래가 자주 나오는 걸 보고는 새삼 신기한 느낌으로 보거나 듣는 시간을 갖게 되었다.

 1970년 전후쯤의 환경과 의식으로 귀에 담았던 노래가 2020년대의 디지털 생활 환경과 의식 속에서 다시 들린다는 오묘한 낯섦이 오히려 강한 鄕愁를 묻혀 귀와 눈으로 들어오는 게 아닌가 싶어진다.

요즘 젊은 세대는 대체로 아이돌 그룹들의 댄스와 비트에 열광하는 모양인데 나는 그 그룹들의 이름을 뉴스에 크게 보도된 한두 그룹밖에는 기억하는 게 없는 것 같다.

이 젊은 세대도 나와 비슷하게 점점 삶의 중간 과정에서 다른 형태의 음악으로 관심이 옮겨 갔다가 어느 시기, 다시 유행할 수도 있는 아이돌 문화를 접한다면 과연 나와 같은 낯설지만 향수 가득 묻은 느낌으로 듣고 즐기게 될지 궁금해진다.

그땐, 아마도 로봇이 작곡하고, 로봇이 노래하고, 로봇이 춤추는, 로봇이 만든 영상과 음악이 눈과 귀를 지배할 것 같고 다만 그 로봇의 이름만 사람이 지은 것일 텐데, 과연 인기의 대상은 그 로봇 그룹일까, 아니면 로봇 그룹의 이름을 지어준 사람일까?

티브이 화면에 BTS에 대한 뉴스가 나온다.

홈 트레이닝 (자전거)

 난 달리지 못하는 자전거를 매일 제자리에서 탄다.
 페달링 전용으로 만들어진 실내 운동기구를 말하는데 별일 없는 날 또는 등산을 가지 않는 날에는 어김없이 두 시간 가까이 페달링을 해댄다.
 건강을 지키기 위해서다. 좀 더 구체적으로는 혈당 수치를 낮추기 위한 편리한 수작인 셈이다.

 의사는 유산소 운동으로 땀을 빼면서 근육량을 늘리라고 했는데 궁리 끝에 내가 찾은 내게 딱 맞는 운동이 이것으로 판단되었고, 바로 작은아들에게 중고 기구를 알아봐 달라고 해서 사흘 만에 새것과 비슷한 중고를 장만하게 되었다.

운동의 세기는 1에서 8까지 있는데 난 처음부터 7에 놓고 고정된 세기로 운동을 한다. 처음엔 무릎에 무리가 될까 봐 천천히 시작하고 10분쯤 후부터는 속도를 높였다 낮췄다를 반복하면서 땀이 셔츠와 팬티를 흠뻑 적실 때까지 쉬지 않고 페달을 돌린다.

처음 10분 정도는 계기판을 응시하고 있다가 계기판 위에 핸드폰을 올려놓고는 이것저것 검색해 보기도 하고, 코로나 사태 때 바닥 모르고 떨어졌다가 조금 회복된, 그러나 본전에 미치려면 아직 갈 길이 먼 증권 상황을 한참 째려보기도 하고, 추하고 더럽고 지저분한 뉴스도 욕 한마디 하면서 훑어보기도 하고, 그것도 싫증 나면 눈 감고 음악을 듣는다.

그러다 보면 운동 시간이 60분 가까이 지나게 된다. 대체로 운동이 끝날 때까지 음악을 계속 듣는다. 난 운동 지속 시간을 정하진 않았지만, 소모 열량을 정해놓고 한다. 700$kcal$가 1회 운동의 목표 소모 열량이다. 이걸 달성해야 자전거에서 내려온다. 이때의 페달링 거리는 22km 정도이고, 운동 시간은 대체로 110분 내외가 된다. 끝날 때쯤이면 완전히 땀으로 목욕한 상태가 되어 있다.

땀에 젖은 옷을 벗고 체중계에 오르면 운동 전의 몸무게와 보통 500~700g의 차이가 생긴다. 땀이 그 정도 빠진 셈이다. 몸이 가뿐한 느낌이다. 샤워하고 나면 큰 일과를 하나 끝낸 기분 좋은 느낌으로 다른 일정을 소화한다.

이 운동을 4년 가까이 하고 있는데 체중의 변화는 없으면서도 혈액검사 수치의 좋은 쪽으로의 변화는 계속 보고 있기에 상당한 만족감을 느끼고 있다.

이렇게 페달링을 하면서도 가끔은 무의미한 질문을 내 가슴에 던진다.

내 건강은 과연 나를 위한 것일까?
무엇 때문에 내 삶이 건강해야 하는 건가?

홈 트레이닝(자전거)

메모리얼파크 (추모 공원)

나는 등산을 즐긴다.

산악회를 통해 원정 등산을 다니기도 하고 내가 사는 동네 뒷산으로 연결되는 몇 개의 산을 번갈아 다니기도 한다.

주로 주말을 이용해 산행을 하지만, 비가 오거나 또는 다른 사정으로 못 가는 경우가 생기기도 하는데 재작년엔 무릎에 이상이 생겨서 한참 동안 등산을 못 하는 경우도 있었다.

동네 뒷산에 오를 때면 꽤나 넓은 메모리얼파크를 지나간다. 우리말로 하자면 추모 공원이 될 것 같은데, 왜 이런 말조차 영어로 이름을 지었는지 이곳을 지나갈 때마다 한 줌 아쉬움을 품고 지나게 된다.

'메모리얼파크'라고 하면 추모 공원보다는 훨씬 세련되고 깨끗

하고 고급스러운 곳이라고 사람들이 인식하게 될 것이라는 분양 업체와 그런 인식을 보편적으로 긍정하고 인정하여 은근히 자신의 가치 상승을 기대하는 고객들 간의 묵시적 합의에 의한 명칭이라고 하면 과언일까?

그래서 이 동네로 이사 와서 처음 뒷산을 오르면서 추모 공원의 규모에 놀라기도 했지만, '메모리얼파크'라는 명칭에 왠지 거부감이 생겨서 혹시 이곳에 모셔진 영혼들도 모두 영어로 추모를 해야 하는 건 아닐까, 하는 생각을 해본 적이 있다.

고향 공동묘지에는 할머니, 할아버지 산소가 나란히 모셔져 있었는데 추석 1주일 전쯤이면 아버지는 새벽 여명에 낫을 들고 나가셔서 혼자 벌초를 하고 들어오셔서 아침을 드시곤 했었다. 어느 날, 인근 복덕방에서 놀다 점심 식사하러 들어오셔서 심각한 표정으로 어머니께 하시던 말씀 – "큰일이네. 공동묘지 읎써진댜. 묘지를 이장하라구 읍사무소에 공고 붙었는디, 워디루 모셔야 할지 답답혀~"

결국 이장은 아버지가 돌아가시고 난 후 우리 형제와 사촌의 협력으로 끝냈는데 그때쯤부터 공원묘지, 추모 공원, 메모리얼파크 같은 공동묘지의 다른 표현이 들리기 시작했던 것 같다.

그런데 공동묘지나 공원묘지, 추모 공원이나 메모리얼파크 같은 명칭과는 상관없이 봉분으로 형성한 묘지에 문제가 생기고 있는 것 같다. 바로 멧돼지의 습격이다. 멧돼지가 봉분을 파헤치고 무너뜨리고 있다는 말이 주변에서 자주 들리기 시작한다 싶더니 우리 집 선산도 묘 일곱 기가 심하게 훼손되는 일이 생겼고, 결국 종친들의 합의로 봉분 없는 평묘로 묘지 형태를 바꾸고 말았다.

그렇게 바뀐 모습을 보면서 종친 모두 한결같이 동의하는 말 - "조상은 가슴으로 모시는 것이니 묘지 형태가 중요한 건 아니지."…

내 생각은 한참 더 나아간다.
'앞으로 AI 로봇 인간의 묘지가 생기는 건 아닐까?'

족발과 손녀

　직장 때문에 세종에 살고 있는 아들이 주말 친한 후배의 결혼식에 참석한다고 올라오면서 저녁 식사용으로 족발을 푸짐하게 사왔다.

　난 체질상 술은 먹지 않지만 족발의 살짝 쫄깃한 고기 맛을 무척 좋아하고 특히 새우젓을 한두 점 고기 위에 올려서 그대로 입에 넣었을 때의 그 맛을 최고라고 생각하며 먹는다. 며느리는 시어머니와 막걸리 한잔 곁들이는 맛을 한참 즐긴다.

　콜라겐이 풍부하게 드러난 고기 몇 점을 부지런히 먹다가 문득 커다란 뼈다귀 하나를 들고 핥고 있는 손녀를 본다. 너무도 진지하게 열심히 핥고 있는 녀석 모습이 얼마나 웃기는지…

고기 부스러기라도 먹을 게 붙어 있어서 저러나 하고 유심히 보니까 뼈에 붙은 힘줄 끝에 아주 작은 살코기 한 점이 있고 손녀는 그걸 떼어 입에 넣으려고 심혈을 기울여 노력하는 중이었다.

드디어 그 작은 살점이 안 보인다. 분명 입으로 들어간 것 같다. 내가 놀라며 며느리에게 묻는다. "아니, 쟤 쪼끄만 살점 입에 들어간 것 같은데 괜찮은 거냐?" 막걸리 한 잔을 시어머니와 짠~ 하다가 내려놓고 손녀 입을 들여다보더니 "없는데요. 넘어갔나 봐요." 한다. "그래, 괜찮으면 됐다." 하며 다시 고기 한 점에 새우젓 하나를 올린다.

손녀는 그 작은 살점을 먹었는지 아니면 떨어뜨리기만 한 건지를 구분할 일은 내 일이 아니라는 듯, 뼈를 계속 핥아댄다. 며느리가 다시 보더니 "이제 그만~" 하면서 뺏으려니까 꼭 쥐고 놓지를 않는다. 얼마나 손가락에 힘을 주는지 앙증맞은 엄지가 하얗게 보인다. 그 손가락에 집념과 끈기가 보인다.

문득, '맞아~ 저렇게 본능만이 전부일 때가 바로 집념과 끈기가 최고로 발현되는 때가 아닐까?'라는 생각이 든다.

커가면서, 나이가 들어가면서 얻어지는 지식과 경험에 의해 저런 집념과 끈기가 눌리고 점점 약해진다는 사실을 새삼 깨닫는다.

아가~ 너 비록 지금은 뼈다귀 하나지만, 네 인생 목표를 그런 끈기와 집념으로 이룰 수 있도록 해보거라.

다시 고기 한 점에 새우젓 하나를 올린다.

절대로…

아기의 웃음은 절대로 예쁘다.

까꿍~ 엄마의 한마디에 젖 먹다가도 입을 활짝 열고 웃는 아기 얼굴은 그야말로 절대적인 아름다움이어서, 누가 제아무리 천사라 해도 그런 웃음을 보여주지는 못할 것이다. 삶의 때가 전혀 묻은 적 없는 순진무구한 웃음. 절대적인 평화가 아기의 웃음에 가득 담겨 있다.

노인의 울음은 절대로 시리다.

노인의 울음은 가슴을 미어지게 한다. 세상 강약의 희로애락을 모두 겪은, 허리 구부정한 노인의 울음을 마주해 보라. 노인의 울음은 그동안 겪었던 그 어떤 즐거움, 노여움, 애달픔, 서러움보다도 더 즐겁거나, 노엽거나, 애가 타거나, 서러워서 울고 있는 것이고 그래서 보는 사람의 가슴을 미어지게 한다.

  학생의 희망이 절대로 공부 잘하는 것만은 아니다.
  초등생, 중·고등생, 대학생 할 것 없이, 공부하는 세대나 그룹의 희망은 공부를 잘하는 것이 절대적이지는 않을 것이다. 공부를 통해 공부에서 벗어나는 게 우선적 희망이 될 수 있다. 어쩔 수 없이 공부를 하고 있다면 공부가 즐거움의 대상이 될 수 없다. 그래도 즐겁게 공부를 한다고 하면 그들은 보편적 가치관에 익숙한 착한 학생으로 일시적인 자기만족 아니면 부모의 대리만족을 위한 것이 아니냐는 물음에 "그렇습니다."라고 답할 것 같다.

  노동자의 희망은 절대로 부자가 되는 것만은 아니다.
  정신적 노동이든 육체적 노동이든 노동의 목적은 돈을 버는 것이 최우선이겠지만 그들의 희망은 지금의 노동이 조금 더 편한 노동으로 옮겨갈 수 있는 수단이 되기를, 나아가 지금의 노동에서 벗어날 수 있는 수단이기를 바란다. 그래서 지금의 노동을 견디고 있는 것이다. 힘들게 노동을 하고 있지만 그들의 희망이 부자가 되고 싶은 것만은 절대로 아니다.

  절대로 안 되는 건 절대로 없다.
  아빠가 아이에게 말한다. "앞으로 절대 핸드폰 안 보여줄 거야." 하지만 그날 저녁 아이가 밥도 안 먹고 울고 있으면 할 수 없이 "이번 한 번만 보여준다~" 하며 보여준다.

법을 지키지 않은 수많은 범죄자들은 법 안에서는 절대 안 된다는 짓을 해서 범죄자가 된다. 하지만 법을 지키지 않고도 법의 그물에 걸리지 않고 잘 사는 사람들이 의외로 많다. 법이 법망 안에서는 절대적이지만 지켜지지 않으면 절대성을 상실하기 때문이다.

'절대로'라는 말을 절대로 쓰고 싶지 않다고 생각하지만, 우리는 일상에서 '절대로'라는 말을 쓸 수밖에 없는 경우를 흔하게 본다.

내 생각이 절대로 맞는 걸까?

외로움에 대하여

　단칸 쪽방의 조그만 창문으로 초저녁 어둠 내린 여의도 비행장을 물끄러미 바라보고 있던 때가 생각난다. 고1 첫 서울 생활의 시작이던 그때, 아무도 대화할 사람이 없다는 외로움을 생전 처음 경험했던 날이었다. 혼자 서울에 떨어진 느낌. 그날 그 허전했던 심정이 외로움인 줄 그때는 몰랐었다.

　군 입대하고 동해안으로 발령받아 분초장으로 근무하고 있었는데, 그때 1년 넘게 펜팔 하던 여학생에게 헤어지자는 편지를 보내고 나서 오지 않을 답장을 한참 동안 기다렸던 모순된 내 모습이 떠오른다.
　자정 넘어 해안가 순찰을 하며 시커먼 바다를 바라본다. 파도선을 따라 움직이는 야광 조개껍질의 희미한 하얀 선을 응시한다.

가슴 깊이 허전함이 밀려온다. 그게 외로움이었다.

영업을 나선다. 달랑 명함 한 장 믿고 "찾아뵙고 잠깐만 말씀 나누고 싶은데 시간 되시는지요?" 최대한 정중한 어투로 사정하여 얻어낸 10분의 상담시간을 놓칠까 봐 택시를 타고 달려간다. "시간 내주셔서 감사합니다." 고객 후보의 책상 옆 빈 의자에 앉으며 최대로 송구한 말투를 구사한다. 최고라고 생각되는 상품 홍보용 언어들을 머리에서 짜내면서 짧지만 긴 시간을 앉아 있다 나온다. 성공 확률은 50분의 1이라는 선배의 말을 떠올리며 오늘의 실패를 쓴웃음으로 뭉개버린다. 하지만 마음은 쓴맛을 뭉개지 못한다. 허무함을 느낀다. 그게 또 다른 외로움이었다.

출장을 간다. 각국 지사에서 모여든 인원이 80명 가까이 된다. 교육이 끝나고 저녁 회식 자리에 불려 간다. 유명 호텔 커다란 뱅큇홀에 본사 직원들까지 다 나와서 거의 200명은 모인 것 같다. 와인을 먹으며 삼삼오오 지껄이는 소리가 홀을 가득 채운다. 한국 지사에서는 나 혼자 갔기에 여기저기 왔다 갔다 하면서 인사하고 얘기하지만 모두가 그렇듯 알맹이가 없는 형식적인 인사치레일 뿐이다. 화장실을 다녀오면서 그냥 그대로 호텔에 돌아가 쉬고 싶은 생각뿐이다. 마음으로 웃으며 얘기할 사람은 없다. 무리 중에서도 외로움을 느낀다.

'누군가 내 곁에 있으면 좋겠다'라는 느낌이 외로움이다. 그 누군가는 굳이 내 말을 이해해 주거나, 공감해 주거나, 대화 내용에 동의해 주지 않아도 좋다. 그냥 내 곁에 누군가 있다는 느낌만으로 허전함이 생기지 않는다면 그게 바로 외롭지 않은 상태일 것이다.

　나이 들면 외로움을 많이 탄다고 한다. 내가 말할 상대는 아니더라도 나를 찾아와 말을 들려줄 상대만 있어도 좋을 것이다. 나이 들면 점점 그럴 상대가 줄어들거나 없게 된다. 그 상대를 강아지나 책으로, 아니면 운동으로 대신하라는 홍보를 많이 하지만 사람은 사람 냄새를 맡아야 외로움을 떨칠 수 있다고 생각한다.

　외로움엔 사람이 약이다.

친구에 대하여

　국민학교 3학년 때, 내가 놀러 가면 장사 나가신 엄마 대신 국수를 끓여서 같이 나눠 먹던 친구가 있었다. 국민학교 6년, 중학교 3년 동안 같은 학교에 다니면서도 정말 친했다. 서로 따지는 게 없었다. 고등학교, 대학교는 서로 달랐다. 직장도 서로 달랐고 삶의 모습도 달랐다.

　하지만 소창 팬티 입던 시절부터 지금까지 만나면 그저 좋은 친구, 평생 친구라는 느낌에 변함이 없다. 대화도 행동도 그때 나이의 가치관도 같은 수준으로 공유했고 서로 벽을 느낀 적이 한 번도 없다. 그래서 아마도 그 친구가 나보다 오래 산다면 내 장례식에 와서 하룻밤은 새우면서 소금처럼 짠 눈물 한 방울 흘릴지도 모른다. 깊고 오랜 우정이 농축된 짠 눈물 한 방울을…

중학교 때 친한 친구가 있었다. 언제나 말이 적고 점잖고 공부도 제일 잘했다. 이 친구는 시험 보면 항상 1등을 했고 난 아무리 기를 쓰고 시험을 잘 봐도 2등 한 번 턱걸이해 본 게 전부였는데, 그래서 대의원(그때는 반장을 대의원이라 했고)은 그 친구 몫이고 난 부대의원(부반장을 부대의원이라 했다) 자리에 만족해야 했다. 고등학교, 대학교는 달랐다. 직장도 다르고 삶의 모습도 달랐다. 하지만 언제부터인가 신학을 공부한다고 하더니 모든 연락이 두절되고 동창회에 이름조차 올리지 않고 있었는데, 어찌어찌 아들 장가보낸다는 소식을 간접적으로 듣고 옛 우정이 혹시라도 회복될까 싶어 찾아간 예식장에서 본 걸 끝으로 다시 연락 두절이 되고 말았다. 그리고는 어느 교회의 담임목사로 재직한다는 말이 들려온 게 간접적 소식의 마지막이 되었다. 아마도 수평적인 여러 갈래의 정을 하나님을 향한 수직적인 하나의 정으로 승화시킨 삶을 살고 있는 것 같다.

또 다른 국민학교 친구가 있었다. 별로 친하지도 않았기에 그저 얼굴과 이름을 기억하는 정도였다. 언젠가 미국 출장 갔다 오는 길에 몸집 커다란 모토로라 핸드폰을 사가지고 온 적이 있었는데 (그때는 미국에서 이거 하나 사 와서 국내에서 팔면 배는 남는다는 소문이 자자하던 때여서 나도 덩달아 무조건 하나 사 들고 왔던 것인데) 동창회 모임에 나갔다가 "이 핸드폰 살 사람 있냐?"라는 내 말에 이 친구가 선뜻 사겠다고 했다. 며칠 후 따로 만나 물건을 건네주었는데 난, 이 친구가 대금을 당연히 갖고 나올 줄 알았다가 인수증만 써주는 이상한 상황을 마주하게 되었고 그리고는 한 달, 여섯 달, 1년, 3년이 지나도 입금하겠다는 말을 듣지 못했고 그 후로는 연락마저 차단해 버렸다.

고등학교 시절, 대학 시절, 직장 생활 시절의 친구도 있다. 하지만 이상하게도 깊이 있는 우정은 별로 느끼질 못하고 이미 각자 정립된 가치관의 차이로 인한 충돌은 피하면서 필요한 만남과 대화에 문제가 없을 정도로만 지낸 것 같다.

살면서 각양각색의 친구가 생긴다. 나도 친구가 많았다. 하지만 내 마음 깊은 곳, 심연의 정으로 화석이 된 친구는 과연 누구누구일까?

손가락을 꼽는데 한 손을, 아니 다섯 손가락을 다 접을 수 있을지 모르겠다.

채움과 비움

―――

어느 여름날, 약수터에 물을 받으러 간 적이 있다.

콜라병 같은 작은 병을 가져온 사람도 있고 커다란 생수통을 가져온 사람도 있고 어떤 사람은 차를 가져왔는지 큰 물통 두 개를 줄 세운 사람도 있다.
모두가 빈 통을 채우려고 온 사람들이다.

신형 핸드폰이 출시되는 날. 오픈런하는 사람들.
인기 있는 아파트 청약하는 날의 선착순 행렬.
동네 마트 특가 세일 하는 날의 진풍경.
맛집 앞 대기표 받고 기다리는 사람들.
어느 학원 보내야 수능 성적이 오를지 밤새 머리 짜는 부모들…

한 가지 욕심을 채우기 위해 사람들이 줄을 선다.

나도 그렇게 채우기 위해 아니꼽고, 더럽고, 치사하고, 부끄럽고, 유치한 것들을 참아가며 아등바등 살아왔다.
하지만 돌아보니 외형적이고 물리적인 것들은 어느 정도 채웠을지 몰라도 정작 채우지 못한 가슴속의 주머니들이 있다.

지식의 주머니,
양심의 주머니,
사랑의 주머니,
용서의 주머니.

아직 채워야 할 주머니들이 가슴속에 남아 있다.

몇 년 전 이사를 하면서 낡은 가구를 비롯해 책이며 앨범의 사진들이나 액자들, 쓰지 않는 그릇이나 입지 않는 옷까지 많은 것을 버리고 이사 왔다. 오랫동안 애써 채워왔던 것들인데 쓸모없다는 이유가 생기니 가차 없이 버리게 된다.

이제는 비워야 한다.
눈에 보이는 것뿐만 아니라 눈에 보이지 않는 것들도 비워야 할 때가 된 것 같다.

채움을 비움으로 방향 전환해야 할 때이다.

욕심으로 채워왔던 삶의 수단들을 점차 비우고 가슴속의 빈약한 주머니들을 채워야 할 것 같다.

인구 감소

 우리나라의 인구 감소가 정말 심각하다는 것을 실감한다.

 아들이 초등학교 다니던 1990년대에는 학생 수가 많아서 오후 반을 만들어야 하는 학교가 여러 군데 있었는데 최근 들린 얘기로는 아들 다니던 그 초등학교의 입학생이 50명 남짓이었다. 불과 30여 년의 시차밖에 없는데 학생 수가 거의 6분의 1 수준이 되어버린 셈이다. 도심이 이러한 지경이고 지방의 문 닫는 초등학교가 계속 늘어나고 있다는 뉴스는 수시로 접하고 있는 상황이다.

 1980년대 젊은 남자들은 군대 갔다 오고 나서 어지간한 직장에 다니고 전세방을 얻을 수 있는 정도의 현실적 조건만 충족되면 결혼 상대를 찾는 데 큰 무리가 없었는데, 지금은 집 문제와 자식 양육 같은 미래 상황을 충족시킬 현재의 안정된 조건을 우선시하고 있는 것 같다. 주변에서 들리는 결혼을 앞둔 자식을 걱정하는 부모들의 얘기는, 특히 아들을 둔 부모의 얘기는 정말 심각한 상황이 아닌가 싶어진다. 물론 다 그렇지 않다는 것이야 분명하지만 일반적인 인식, 적어도 아파트 하나와 자동차, 그리고 미래가 어느 정도 보장될 만한 직장이 있지 않으면 결혼 얘기를 쉽게 꺼내지 못한다는 것이다.

거기에 민주화 운동과 더불어 여권신장이 급속도로 이루어지는 과정에서 여성의 교육이나 취업 영역의 범위가 확대되면서 여성의 돈벌이 목적이 기초적 생계의 범위를 벗어나 자아 성취를 위한 것으로 발전하고 있고, 그에 따라 결혼을 통해 가족의 굴레에 갇히는 것보다 자신만의 삶을 좀 더 길게 누려보고 싶은 욕망이 일반화되면서 결혼 연령이 계속 늦춰지는 현상이 발생하고 있는 것으로 보인다.

또 다른 결혼을 저해하는 요인으로 생각되는 것은 여성의 남성에 대한 인식이 '미래의 삶을 같이할 이성 파트너'라는 관점보다는 '잠재적 성 범죄자'로 일반화하고 있는 게 아닌가 하는 생각이 들 정도로 남성을 경계의 대상으로 보는 시각이 만연해 있다고 느껴진다는 것이다.

언젠가 지하철에서 들은 대학생 남자 친구들 간의 얘기 - "소개팅에 나가서 이쁘다는 말 하면서 손잡아 봤다가 성범죄로 신고당

할 뻔해서 다시는 소개팅 안 나간다."라는 말을 듣고는 나도 모르게 쓴웃음을 흘리고 말았던 적이 있다. 요즘은 연애하기가 저렇게 어려우니…

여성들도 똑같은 상황일 게 분명하다. 조금 괜찮아 보여서 사귀어 볼까 싶지만 주변에서 들리는 험악한 뉴스는 그런 마음을 순식간에 두려움으로 눌러버리게 될 것 같다.

오늘 지인 아들의 결혼식에 가려고 축의금 봉투를 준비하다가 '이렇게 늦게 결혼해서 애를 낳기는 할까?' 하는 의구심이 들어서 잠시 원인을 생각해 봤다.

신랑 48세, 신부 47세.

아이를 낳는다면 대학 보내면서 칠순 잔치할 것 같다.
말년이 고달픈 부모가 되겠구나…

때 이른 무더위

너무 덥다.

하늘은 구름 한 점 없이 파랗고 바람은 아직 시원한데 햇빛이 너무 뜨겁다.

6월 20일의 오후 3시. 오늘의 최고기온인지 핸드폰의 현재 기온이 36도를 찍고 있다.

살아오면서 장마 오기 전에 이렇게 더웠던 적이 있었나 기억에 없다.

에어컨을 잠시 틀었다가 지금 못 참으면 이 여름을 어떻게 견디나 싶어 다시 꺼버린다. 대신 선풍기를 켠다. 약풍에도 시원하다. 지금은 사막기후처럼 습도가 높지 않아서 그나마 그늘에선 선풍기 바람에 시원함을 느낀다.

테니스를 나가고 싶지만, 엄두가 나질 않는다.

그저께 뒷산으로 올라 봉우리 다섯 개를 넘는 긴 능선 산행을 했다. 17km의 산길. 다섯 시간 산행의 마지막 봉우리에서 가져간 냉커피 한 병을 통째로 다 마신다. 그래도 갈증이 나서 생수를 한 모금 더 마신다. 온몸이 다 젖었다. 속옷까지…

버스 타는 데까지 내려와 화장실에 들러서 옷을 갈아입는다. 땀에 젖은 옷을 비닐 봉투에 넣고 다시 배낭에 넣는데, 보니까 배낭도 다 땀에 젖었다.

에휴~ 버스 타면 땀내 날 텐데…

핸드폰을 열어보니 34도다.

조금 전 LA에 사는 매제한테서 톡이 왔다. 목회자 은퇴하고 선교에만 집중하고 있는데 나와 두 살 차이밖에 안 나서 가끔 친구 같은 느낌을 받기도 한다. 요즘 며칠 휴가차 여행하는데 모하비 사막을 지나간다고 한다. 예전에 3대 캐넌 여행차 지나가던 사막이 생각나더니 갑자기 등에 땀이 나는 것 같은 느낌이다.

사막의 뜨거움은 30대에 제법 경험했다. 중동 건설 붐으로 인한 해외 파견 직장 생활. 그늘이라고는 사막 한가운데 띄엄띄엄 놓인 컨테이너형 사무실, 숙소, 식당이 전부였고 한낮 50도를 넘는 땡볕을 피해 낮잠 자는 숙소에 에어컨을 세게 돌려도 실내 온도는 30도. 그래도 코골고 자는 방글라데시 근로자들이 위대해 보이던 때가 기억난다.

더운 날씨에 사막의 더위를 떠올리니까 더 더워진다.

시원한 것을 생각해야지…

요세미티 하프돔을 오르는 등반가의 기분을 느껴볼까?
에베레스트산 깊은 크레바스를 건너는 등반가의 기분을 느껴볼까?
절벽 다이빙하는 다이버의 기분을 느껴볼까?

너무 덥다.

요리와 젊은이

  내 어릴 적엔 '남자가 부엌에 들어가면 ○○가 떨어진다'라는 말을 심심찮게 들었다. 하지만 고등학교를 서울로 진학하면서부터 자취 생활을 하게 되니까 그 말은 그저 비현실적인 사치스러운 말로 인식하게 되었는데, 결혼하고 좀 시간이 지난 언제부터인지 티브이에서 남자들이 요리하는 프로그램이 유행처럼 번지기 시작하고 너도나도 요리 솜씨를 자랑하거나 아니면 유명 셰프들이 등장하는 프로그램이 넘치더니, 이제는 남자가 요리로도 얼마든지 부와 명예를 취할 수 있다는 사회적 인식의 완전한 변화까지 이루어진 것 같다.

  그래서인지 요즘은 집에서 남자가 요리한다는 얘기를 여기저기서 듣는다.

젊은이들은 아내를 위해, 아내의 근로 또는 임신이나 출산 여부와 상관없이 집에서 요리를 담당한다는 말을 듣고, 은퇴자들은 독신 여부와 상관없이 자신의 취미 활동으로도 요리를 한다고 한다.

난 이따금 아들이 해주는 요리를 먹게 된다. 다니던 직장을 운동 중 당한 부상 치료차 휴직하는 사이 배웠다는 요리 솜씨가 제법이어서 정말 맛있게 먹는다. 정통 양식에서 약간 퓨전으로 개발된 것 같은 맛의 요리를 접할 때면 신기하기도 하고 그런 맛의 조화를 만들어 내는 아들의 솜씨가 대견해 보이기도 한다.

어쩌다 뷔페나 뷔페 스타일의 음식점을 가는 때도 있다. 그런 음식점을 가면 남자 셰프가 더 많은 것 같고 또 대부분이 젊은이들이다. 예전 유럽에서 근무할 때 식당에 가보면 홀이나 주방에 나이 지긋한 남자들이 있는 것을 자주 봤는데 우리나라엔 아직 시니어들이 있는 음식점을 거의 못 본다. 그때 봤던 유럽의 나이 지긋한 식당 직원들은 장인정신과 서비스 정신이 몸에 배어 있는 것처럼 보였다.

하지만 지금 한국의 음식점에서 일하는 젊은이들이 나이 지긋해져도 그대로 그곳에서 일하고 있을지는 의문이다. 지금 젊은이들의 의식은 요리를 성공의 수단으로만 생각하는 것 같고 따라서 요리에서 벗어날 수 있는 경제적 상황이 만들어진다면 대부분 미련 없이 그 자리를 떠날 것이기 때문이다.

개중에는 자신의 독립된 식당을 운영하거나 유명 셰프가 되어 교육이나 홍보를 전문으로 하는 게 목표일 수도 있겠지만 어쨌든 요리라는 행위에서는 벗어나는 게 목표일 것이기 때문에 그들이 나이 지긋할 때까지 식당에 있을 것이라는 생각은 하기 힘들 것 같다.

어쩌다 큰 음식점을 가게 되면 시니어들이 음식점 주방에서 요리하거나 아니면 홀에서 서빙하는 모습을 그려보는 때가 있다.
젊은 남녀 종업원들이 바쁘게 돌아다니다가 실수를 저질러 오너에게서 핀잔을 듣거나 손님들에게서 비인격적 대우를 받게 되는 경우를 목격할 때면 특히 그런 상상을 해보게 되고 실수를 저지른 종업원이 시니어라면 어떤 상황이 생길까 생각해 보기도 한다.

요즘 요리하는 젊은이들이 대견하면서도 딱해진다.

레깅스 등산복

 초봄의 산길은 아직 차가운 공기가 깔려 있어서 패딩 조끼의 보온 역할은 큰 힘이 된다. 자갈 많은 가파른 경사를 그래도 빠른 걸음으로 오른다.

 갑자기 한 사람이 내 옆을 작은 바람을 일으키며 앞지른다.
 몸에 딱 붙는 감색 레깅스를 입은 젊은 친구다. 레깅스 위로 드러난 근육이 장난이 아니다. 마치 헬스장에서 금방 나온 듯한 차림이다. 스틱도 없이 경사진 등산로를 빨리도 앞서간다. 나도 속도를 좀 더 내본다.

 잠깐~ 레깅스 입은 남자를 본 적이 있나? 내 기억엔 없는 것 같다. 저 옷이면 앞모습은 좀 민망할 텐데… 생소한 느낌이면서도 스판덱스라면 편하겠다는 생각이 스친다.

　이번에는 아가씨 같은 여자가 머리를 휘날리며 내 곁을 한 발 뛰어 지나간다. 새빨간 레깅스를 입었다. 스틱은 들었지만 짚지는 않고 그냥 들고 빠르게 올라간다. 둘이 한 쌍인 것 같다. 젊은 여자가 입은 건 어색한 느낌 대신에 예쁘다는 생각이 먼저 든다.

　산에서는 어쩌다 젊은 여자들이 레깅스 입은 걸 보게 되지만 하여튼 그것도 최근의 일이다. 어쨌든 우리 세대에는 아직 생경한 패션이지만 조금씩 눈에 익숙해져야 하는 패션임에는 틀림없는 것 같다.
　그런데 혹시 결혼하고 시댁의 제사에 가면서도 레깅스를 입고 간다면 어떤 상황이 벌어질까? 아마도 웃지 못할 촌극이 벌어질 것 같다. 잠시 황당한 상상이 머릿속을 스친다.

　봉우리에 올라서니 정상석 근처에 조그만 자리를 펴고 앉아 간식을 먹는 레깅스 한 쌍이 보인다. 아까 내 곁을 앞지른 한 쌍이다. 그런데 정면을 바라보기가 민망하다. 얼핏 앞모습을 봤다가 순간 고개를 획~ 돌리고 정상석 사진을 찍는다.

　아직은 레깅스 복장을 마주하는 게 어색하다.
　남자가 입은 건 더 어색하다.

내가 이른바 꼰대의 대열에 합류한 지 꽤나 되지 않았나 싶다.

간식이나 먹고 얼른 내려가야지…

떡 값

―

양상추 한 개: 3,980

판 계란 30판: 8,500

방울토마토: 6,980

바나나: 4,500

우유 1.8L: 6,350

잡곡 식빵: 5,000

라면: 4,980

오렌지 일곱 개: 9,900 …

여러 날 혼자 지내게 되는 상황이 되어서 오랜만에 내 먹거리 장만한다고 마트에 가서 장을 봤더니 계산서에 찍힌 내역이 저렇게 나왔고 라면 박스 한 개를 채울 정도의 부피인데 10만 원을 살짝 넘겼다. 그동안 물가에 세세한 관심이 없다가 정작 장 한번 보고 나서 계산서에 따른 결제를 하고 나니 왠지 물가가 '너무하다'는 느낌이 든다.

세상에 물가가 언제 이렇게 오른 거지? 작년 이때쯤인가? 양상추 한 개 2,500원, 잡곡 식빵 3,500원, 오렌지 10개 5,000원에 샀던 기억이 나는데…

장 보고 나서의 씁쓸한 뒷맛을 차 트렁크에 장 본 물건이 담긴 박스와 함께 실어놓고는 떡 한 봉지 사려고 떡집으로 향한다.

떡값은 또 얼마나 올랐을까?
진열대를 훑어본다. 작은 스티로폼 접시에 사각 모양의 인절미가 열 개 들어 있는 게 5,000원. 분명히 접시도 떡 사이즈도 예전보다 작아졌는데 가격은 더 올랐다.
기가 막혀서 잠시 쳐다보고 있는데 주인인 듯한 할머니가 퉁명스레 "뭐 드려요?" 하고 묻는다.
난 대답 대신 "왜 이렇게 비싸요?" 하고 되물었더니 돌아오는 답, "비싸긴 뭐가 비싸요? 재료값이 얼마나 올랐는데? 하긴 남자니까 잘 모르겠지…" 한다.

이따 오후에 뒷산 등산하다가 간식으로 먹으려고 인절미 한 팩 살까 싶어 왔다가 한숨 한 번 뱉고는 그냥 돌아선다.

떡 값

정말 물가가 올라도 너무 오른 것 같다.

서민들의 삶은 이런데, 정치판에 있는 인간들은 이 나라 사람들이 아닌가 보다.

서로 상대편을 물고 뜯고 이간질하고 욕하고 손가락질하면서도 저는 잘났다고 궤변을 늘어놓는다. 요즘은 정치판에 여자들이 많이 들어왔지만, 하는 행태는 남자들의 더러운 쌈박질을 똑같이 따라 하는 것 같기도 하다. 정치판에서 민생은 실종된 지 오래된 것 같다.

떡을 못 사고 돌아서며 정치판에 침을 뱉는다.

과감한 겁쟁이

―――

의사는 과감해야 하는 만큼 겁쟁이여야 한다.

의사는 자신이 체득한 지식과 경험을 근거로 정확한 진단을 하고 진단이 정확하다면 치료에 과감해야 한다. 과감하지 못한 의사는 환자가 완치가 되어도 불안하게 만든다. 현대 의학으로도 치료 불가하거나 완치를 보장하지 못하는 경우일지라도 의사의 확신에 찬 조언이나 접근은 그로 인해 용기를 얻는 환자 자신의 정신력이 완치의 바탕이 되는 경우도 있을 수 있기 때문이다.

하지만 의사의 내면은 겁쟁이여야 한다. 자신의 한계를 항상 직시하고 그 한계에서 마주하는 벽에 대한 두려움을 가져야 한다. 그 벽은 언제 예고 없이 자신을 덮칠지 모른다. 이런 겁이 없다면 자신의 발전을 기대하지 못한다.

　그 벽이 자신을 무너뜨리기 전에 그 벽을 무너뜨려야 할 것이다. 그 벽 어딘가 분명 무너뜨릴 수단이 되는 구멍이 존재할 것이다.

　그 수단은 단순히 자신의 의학적 지식이나 경험의 영역에만 존재하진 않는다. 예컨대 환자에 대한 친절이나, 병원 환경이나, 진료 시스템이나, 의료기기의 영역이거나, 의료수가의 영역이 될 수도 있을 것이다.

　과감한 겁쟁이 의사는 최고의 의사가 될 수 있다.

　운동선수는 과감해야 하는 만큼 겁쟁이여야 한다.

　운동선수는 보통 경기에 앞서 상대에 대한 분석을 통해 자신의 특기로 이길 수 있는 상대의 약점이 무엇인지 파악하려고 노력한다. 경기에 임하면 자신의 특기를 최대한 과감히 쓸 수 있어야 한다. 특기를 구현하는데 과감하지 못하면 상대는 그 틈새를 놓치지 않고 파고드는 경우가 비일비재하고 결국 덜 과감했던 결과로 지게되는 경우를 많이 겪는다. 또한 자신의 기량을 발전시키기 위한 새로운 기술이나 체력 향상을 위해 항상 노력하여야 한다. 그리고 그 노력에 과감해야 한다. 노력에 과감하지 못하면 발전이 없게 되고, 발전이 없으면 결국 패자의 그늘에 갇히게 된다.

그런 과감함 속에는 항시 겁이 있어야 한다. 내 기술과 특기가 최고가 아니기에 언제든 질 수 있다는 두려움이 있어야 한다. 이러한 두려움이 있어야 최고가 되거나 새로운 특기 또는 기술을 습득하려는 도전 의식이 자라게 된다. 새롭거나 더 높은 단계의 기술은 이러한 도전 정신에 의해서만 취득할 수 있고 완전한 자신의 것이 될 수 있다.

과감한 겁쟁이 운동선수는 최고의 운동선수가 될 수 있다.

정치인은 과감해야 하는 만큼 겁쟁이여야 한다.

정치인은 자신의 소신이 보편타당한 국민의 이익을 대변한다고 생각한다면 그 소신의 실천에 과감해야 한다. 그 소신의 발현에 대다수의 국민들이 동의한다면 국민 이외의 당이나 특정 집단으로부터 영향을 받는 일이 있어서는 안 된다. 정치인은 국민을 대신해서 국민을 위한 일을 하도록 특정 지어진 사람들이다. 그렇기에 자신의 소신을 발현하는 데에 국민을 믿고 과감하게 나서야 한다. 그렇게 하라는 임무를 부여받았기에 그렇게 해야 하는 것이다. 요즘 뉴스를 보면 자신의 소신대로 움직일 듯하다가 특정 집단이나 세력의 영향력에 휘둘려 자신의 소신을 헌신짝처럼 내동댕이치는 정치인을 자주 본다.

이들은 너무나도 나약한 정치인들이고 국민을 기만하여 정치인이 된 사기꾼들이라고 할 수 있다.

 소신이 올바른 정치인은 소신만큼의 두려움을 함께 가지고 있어야 한다. 소신을 반대하는 집단이나 세력에 대한 두려움이 아니라, 이 소신이 국민 모두를 만족시키는 소신은 아니라는 두려움을 가져야 한다. 어떤 일이든, 어떤 정책이든 국민 모두를 만족시킬 수는 없고, 또 어떤 것이든 언제나 그에 대한 반대 세력이나 피해를 보는 집단이 존재하기 때문이다. 그에 대한 겁이 있어야 그 소신이 더욱 새롭고 발전된 방향으로 커나갈 수 있고 결국 자신을 더 큰 그릇으로 만들기 때문이다.

 과감한 겁쟁이 정치인은 최고의 정치인이 될 수 있다.

 예술가는 과감해야 하는 만큼 겁쟁이여야 한다.

 예술가는 자신의 작품이 어떻게 평가받을지를 두려워하면서 작품을 만들어서는 안 된다. 자신이 표현하려는 주제가 선명하다면 과감히 작품을 만들어 나가야 한다. 과감한 표현력은 그 자신감의 깊이가 고스란히 작품에 담기게 되고, 예술가 스스로를 만족시키는 작품을 만들어 낸다. 작가 자신을 만족시키는 작품이 최고의 작품이 되기 때문이다. 자신있게 주제를 선정했다면 재료의 선택에도 과감하여야 한다. 음악가는 새로운 장르의 리듬이 될 수도 있고, 미술가는 새로운 소재의 물감이나 재료일 수도 있고, 무용가는 새로운 의상이나 분장술이 될 수도 있을 것이다. 자신감은 과감함으로 표출되는 경우가 대부분이다.

　하지만 항상 겁을 먹고 있어야 한다. 예술가는 항상 자신의 작품이 자신의 의도대로 원하는 주제를 완벽히 표현하지 못할 수 있다는 두려움을 가져야 한다. 세상에서 가장 훌륭한 작품은, 자신의 작품이 항상 자신을 만족시키지 못한다는 두려움의 끝에서 만들어 낸 마지막 작품일 것이기 때문이다.

　과감한 겁쟁이 예술가는 최고의 예술가가 될 수 있다.

　법률가, 언론인, 기업인, 학생, 할 것 없이 국민 모두는 과감해야 하는 만큼 겁쟁이여야 한다. 자신의 가치와 사고가 객관적으로 올바르다고 판단될 수 있는 경우에는 과감한 표현을 할 수 있어야 한다.
　법률가는 〈레 미제라블〉의 장발장과 같은 운명을 만들어 내지 않도록 하여야 하고, 언론인은 로즈웰사건처럼 확인되지 않은 것을 기사화하지 말아야 하고, 기업인은 부정한 회계 방식으로 세금을 피해서는 안 되고, 학생은 마음의 교복을 벗지 말아야 할 것이다. 우리 모두는 객관적으로 올바르다고 판단되는 가치와 사고의 표현에 과감하여야 한다.

반대로 우리는 자신의 가치관과 사고가 독단적인지에 대해 항상 두려움을 가져야 한다.

그 두려움이 있어야 좀 더 보편적 타당성이 인정되는 가치관과 사고에 의한 사람다운 삶을 지향할 수 있기 때문이다.

우리 모두는 과감하면서 겁쟁이가 되어야 한다.

그래야 내가 발전하고 사회가 발전하고 나라가 발전한다.

여름날 아침의 소리

―――

6시: 새소리

이제는 여기저기 숲이 되어 있어서 그런지 아침마다 새소리가 시끄럽다 싶을 정도로 들린다.
찌지르르~ 찍~, 찌지르르~찍~
에휴 저놈 이름은 무엇일까?
이름이 무엇이든 까치와 먹이 싸움 하는지, 까치도 똑같은 톤으로 짖어댄다.
하늘이 파랗다.

6시 반: 경비원 교대 인사 소리

"수고하십시오~"

오늘 근무자에게 업무 인계를 마쳤는지 어제 분리수거에 땀 흘리던 경비원이 인사를 하며 돌아선다. 모두 손주가 있을 법한 나이들인데 밤샘 근무를 한다는 게 쉬운 일이 아니지… 언젠가 경비실에서 들리던 베토벤 교향곡 5번의 웅장한 소리를 어색하다는 느낌으로 바라보던 때가 생각난다. 내 여물지 않은 시대감각 탓으로…

7시: 쓰레기 수거차 소리

〈엘리제를 위하여〉 멜로디가 아침 공기를 가른다. 저 아름다운 곡이 왜 한국에서는 쓰레기 수거차의 전용 알람이 되었을까? 정말 지독한 수수께끼가 아닐 수 없다. 쓰레기 차의 업무를 비하하려는 게 아니다. 아무리 생각해도 어울리는 조합이 아니기 때문이다. 억지로 페어 맞춘 추론-청소차 제작업체가 고객의 품격을 서양화시키려는 음모-라는 것으로 잠시 스스로를 웃겨본다.

7시 반: 주차장 출차 소리

그렇지. 나갈 시간이지. 주차 공간이 점점 부족해지고 있어서 이중 주차를 한 차들이 먼저 빠져나가겠지. 차종이 정말 다양하다. 얼마 전 주차 차량 거의 절반이 SUV인 것을 발견하고는 새삼 놀라기도 했고 외제차의 비율도 급격히 늘어난 것 같아 차종이 쉽게 파악되지 않는 경우도 있다. 정말 한국 사람들의 삶이 많이 부유해졌다.

다만 고급 벤츠 차에 흙 잔뜩 묻은 삽과 예초기를 싣는 모습은 아직도 조화롭게 보이지는 않는다.

8시: 수송기 지나가는 소리

인근에 비행장이 있어서 이착륙하는 비행기 소리가 가깝고 크게 들린다. 지금은 수송기가 지나간다. 비행기를 보면 항상 잔잔한 설렘이 있다. 비행기를 타본 지가 꽤 오래된 것 같다. 그렇다고 하늘이 그리운 것도 아니고, 외국에 나가고 싶은 생각이 있는 것도 아니다. 허전한 마음을 달래고 채울 곳은 국내에도 많다. 비행기를 보면 마음 한구석 아직도 지우지 못한 꿈이 살아서 꿈틀거리고 있기 때문이다.

조종사가 되고 싶었던 꿈 말이다.

8시 반: 초등생 등교 소리

재잘 재잘 재잘…

2학년쯤 되어 보이는 여자애들 둘, 셋, 그 뒤로 3학년쯤 되어 보이는 남자애들 셋. 뭐가 저렇게 재미있을까?

얼핏 들리는 여자애 말 - "나 그 춤 출 수 있다."

남자애 말 - "야, 너 그 숙제 했냐?" 신발주머니 휘두르며 지나간다.

그냥 보기만 해도 이쁘다. 저런 시절이 다시 온다면 나는 어떤 말을 하며 지나갈까?

9시: 예초기 소리

아파트 옆 단지에서 풀을 베고 있나 보다. 예초기 모터 소리가 앞산 자락에 반사되어 들리니까 산 아래에서 작업하는 줄 알았다.

금년에도 선산에 벌초한다고 모이라고 하겠지… 예초기 작업하는 게 이젠 힘들다. 다쳐서 수술받았던 어깨의 통증 때문이다. 그래서 벌초하러 가면 예초기 작업 대신 갈퀴질이나 톱으로 묘지 근처의 아카시아 나무를 베어내는 작업만 하고 온다.

여기저기 풀이 정말 무성하다. 벌써 여름이다.

9시 반: 냉장고 모터 소리

잠시 고요한가 싶더니 등 뒤로 냉장고 모터 소리가 작게 들린다. 아~ 저 소리가 낮에 독립적으로 들리기도 하는구나. 낮엔 보통 저 소리가 잘 들리지 않는데 이럴 때가 있구나 싶어 새삼 귀 기울여 본다. 저 소리처럼 이 사회에는 단지 소리가 작다는 이유로 묻혀버리고 잊혀버리는 소리가 많은 것 같다.

  나는 그런 소리를 제대로 들었었나?

10시: 학교 종소리

  뒤창으로 학교 종소리, 아니 음악 소리가 들린다. 아마도 수업 시작을 알리는 소리일 것이다. 예전에는 종소리였다. 내가 다니던 학교에서는 '땡땡땡~ 땡땡땡~' 연속 두 번이면 수업 시작이고 '땡~ 땡~ 땡~' 단음으로 세 번이면 수업 끝이었는데…

  잠시 후 왁자지껄한 소리가 들린다. 체육 시간인 모양인데 응원하는 소리가 크게 들린다. 그 소리가 좋게 들린다. 여학생들의 비명에 가까운 응원 소리도 전혀 시끄럽다는 느낌이 없다. 그래~ 뭐든지 열심히 하거라. 열심히 해도 살기 쉽지 않은 세상이란다.

10시 반: 구급차 소리

  119 구급차의 사이렌 소리가 두어 번 나더니 앞 동 경비실 앞에 멈춘다. 구급대원 둘이 황급히 환자 이송하는 침대를 꺼내 들어간

다. 누가 또 쓰러졌나 보다. 5분쯤 후 남자로 보이는 사람 하나가 실려 나오고, 보호자인지 할머니 한 명이 구급차에 같이 오른다. 무슨 사연인지 모르지만 남의 일 같지 않은 생각에 잠시 우울해진다.

11시: 산비둘기 소리

꾸~욱 꾹 꾹꾹, 꾸~욱 꾹 꾹꾹~
좀 낮은 음의 이 울음소리를 예전에는 잘 듣지 못했던 것 같다. 이 소리가 산비둘기 소리인 줄도 얼마 전에야 알았다. 뒷산에 오르면 새소리가 많이 들린다. 소쩍새 소리, 딱따구리 소리, 까마귀 소리는 크게 들리지만 작게 들리는 새소리도 많다. 산비둘기 소리도 크게 들린다. 소쩍새 소리처럼 정이 가는 소리는 아닌데 가끔씩 이렇게 아파트 단지의 소나무에 내려앉아 울어대기도 한다.
사람들에게 자신의 존재를 일깨우려는지…

11시 반: 멜로디언 소리

누군가 멜로디언을 연습하고 있다. 제대로 연주하는 곡이면 참 듣기 좋을 텐데 연습하는 것이라서 멜로디가 계속 끊어지고 맑은 음이 나오질 않으니 듣기 짜증 난다. 지금 시간이면 어린이는 학교에 가 있을 시간이어서 분명 학생은 아닐 것 같은데 창문을 닫고 연습하는 아량은 없을까? 어릴 적 하모니카 부는 게 재미있어서 갖고 다니면서 아무 데서나 연습한다고 불어대던 내 모습이 떠오른다. 그럼 저 소리도 참아 줘야 도리겠지만 내 귀는 저 소리를 거부하고 있다.

시끄럽다~

12시: 배달 오토바이 소리

오토바이 두 대가 한 방향으로 가다가 경비실 앞에서 갈라진다. 하나는 앞 동으로 하나는 옆 동으로. 맛있는 음식이겠지. 배달에 대한 뉴스를 요즘 자주 듣는다. 고객은 배달료가 비싸다 하고 배달맨은 업체의 수수료가 높다고 하고… 다들 먹고 살자고 하는 일인데 공평한 합의점이 있어야 할 것이다.

나도 점심 먹을 때가 되었는지 뱃속에서 신호를 보낸다.

오늘 점심엔 뭘 먹을까?

여름날 낮의 소리

―――

1시: 애기 우는 소리

  오랜만에 듣는 아기 울음소리다. 근데 보통의 울음소리와는 좀 다르게 들린다. 자지러지게 운다. 어디 아파서 우는 게 틀림없다. 그치지 않고 계속 우니까 경비실에서도 나와서 그쪽을 한참 쳐다보더니 어디로 연락하는지 전화기를 들고 있다.
  혹시 아무도 없는데 저렇게 울고 있다면 큰일 날 수도 있겠지. 내 가슴이 좁여지는 것 같다. 우리 애들이 어릴 적 저렇게 울 때 나는 어땠는지 기억이 나지 않는다.
  분명 지금보다 더 졸였겠지?

1시 반: 싸우는 소리

어떤 아주머니가 어떤 남자와 큰 소리로 싸우고 있다. 쓰레기 분리수거함 앞에서 남자에게 손가락질을 하면서 싸운다. 들어보니 남자는 이곳 주민이 아니라서 이곳에 쓰레기를 버리면 안 되는데 쓰레기를 여기로 가져와 버린다는 것 때문이었다. 남자는 이곳 주민이 아니더라도 사정이 있어서 여기 와서 분리수거 규칙을 지켜서 버리는데 한 번쯤 이해해 주면 되지 않느냐고 얼핏 보면 합리적인 주장을 하는 것 같고 여자는 그래도 이곳 주민이 아니니까 안 된다는 의견 마찰이다.
내가 저기 있다면 누구 편을 들어줘야 하나? 합리적으로 싸움을 말릴 방법이 무엇일까?
옆에서 지켜보고 있는 경비원의 표정이 내 의문을 그대로 담고 있는 것 같다.

2시: 드릴 소리

아~ 정말 듣기 싫은 소리가 이 소리다. 어느 집에 또 바닥을 긁어내는 공사가 있는 모양이다. 엘리베이터 앞에 공사 안내문이 있었지만, 자세히 보지 않아서 어느 집인 줄은 모르겠다. 하지만 아파트 특성상 같은 동의 한쪽에서 드릴 작업이 있다면 그 진동은 동 전체에 전해지는 게 보통이다. 오늘 어디 드릴 공사가 있는 줄

미리 알았다면 아침부터 나가 있었을 텐데… '우리 집 공사할 때도 이 동 사람들한테 어지간히 피해를 줬겠지?' 하면서 못 나가고 저 소리를 듣는 나 자신을 위로한다.

   2시 반: 초등생 하교 소리

"야~ 내 거 내놔~" 한 녀석이 신발주머니 휘날리며 달아나고 한 녀석이 쫓아간다. 아마도 학원을 같이 다니는지 신발주머니의 학원 이름이 똑같다. 어릴 적 시골에서 주산 학원을 다닌 적이 있다. 그때 주판 주머니가 까만색이었는데 그 학원에 같이 다니던 친구가 내 주판과 바꿔 가는 일이 자주 있었다. 주판 주머니 색은 똑같은 색이지만 내 주판이 좀 더 비싼 것이었고 친구가 샘이 나서 바꿔 가는 것이었지만 그래도 다음 날은 돌려주곤 했다.
  저 녀석한테는 안 들려도 난 그냥 혼자 얘기한다.
  '주머니가 똑같아서 그랬나 보다. 내일 줄 거야.'

   3시: 안내 방송 소리

"내일 아침 10시부터 오후 2시까지 소방 안전점검을 실시하오니 경보 사이렌이 울리더라도 놀라지 마시기 바랍니다." 안내 방송의 볼륨이 너무 큰 것 같다. 언젠가 소화기 교체한다고 관리실에 갔다가 아파트 주민 중 노인 인구가 많고 청력이 안 좋은 사람들이 꽤 있어서 방송 소리를 일부러 크게 했다고 하는 말을 들었는데, 오늘은 어쩐지 더 크게 들린다.

나도 이미 老 자가 붙어 있어서 어딜 가나 경로 대우가 있는지를 확인하고 있다. 하지만 몸의 각 기관은 아직 경로 대접받기를 원하지 않는다. 나도 분명 청력이 떨어질 텐데 말이다.

3시 반: 찬송가 소리

"죄 짐 맡은 우리 구주, 어찌 좋은 친군지…"
어느 집인지 여러 명이 부르는 찬송가 소리가 들린다. 아마도 구역예배 보는 날인 것 같다. 믿음의 목적이 무엇일까? 믿음의 목적은 '영혼의 구원'이라는 말을 많이 듣지만 난 사후 세계에서의 구원에 대한 의구심을 떨치지 못한다. 그래서 나는 누구한테도 교인이라는 말을 함부로 하지 못한다.

'참된 위로 받겠네…' 찬송가가 끝난다.

난 그저 '내게 좋은 날이 되기를…' 하고 독백한다.

4시: 택배 배달하는 소리

"쉬~~~ㄱ."

박스가 복도에서 미끄럼 타는 소리가 들린다. 택배 기사가 물건 박스를 엘리베이터에서 내리면서 문 앞으로 휙~ 미끄러지게 던지는 것이고, 그 미끄럼 소리가 가까이 들리면 우리 집에 온 택배라서 문 열고 들여 놓으면 된다. 오늘 우리 집에 배달될 물건은 없다.

옆집 물건이겠지. 예전엔 김치 배달을 하다가 중간에 박스가 터지는 바람에 배달원이 엄청 애를 먹었다는데 요즘은 포장이 훨씬 단단해져서 터지는 일은 별로 없을 것 같다.

택배 기사들의 어려움을 자주 듣는다. 그들이 노동의 대가를 제대로 받기를 바란다.

4시 반: 이삿짐 차 소리

주방 창문으로 보이는 뒷동에 이사 들어오는 집이 있는지 이삿짐 차의 사다리 올리는 소리가 요란하다. 어떤 집에서 어떤 사연이 있어 여기로 이사 왔는지 몰라도 잘 돼서 온 사람 아니면 잘 못 돼서 온 사람 둘 중에 하나일 것이다. 하지만 그것도 생각하기 나름이다. 잘 돼서 온 사람이든 잘 못 돼서 온 사람이든 결국의 선택은 이 집이었을 것이니까 여기에 이삿짐을 풀고 있겠지. 사다리차 소리가 시끄럽긴 해도 "잘 오셨소~"라고 말해주고 싶다. 남의 사정을 내가 어찌 알 수 있을까? 난 그저 내가 사는 곳이니까 환영해 주고 싶은 생각일 뿐이다.

5시: 바람 소리

　나뭇가지를 스치는 바람 소리가 제법 크게 들린다. 하늘을 보니 구름이 잔뜩 끼어 있다. 언제 저렇게 구름이 몰려왔지? 시원해서 좋긴 한데 비가 오려면 좀 많이 왔으면 좋겠다. 요즘은 비가 제법 올듯하다가도 금방 그쳐서 은근히 가뭄을 겪는 상황이 되고 있는 것 같다. 등산을 해보면 대강 알 수 있다. 계곡이나 폭포에 물이 별로 없다. 나무가 우거져서 그늘은 풍성한데 물이 별로 없다.
　다시 바람이 분다. 시원하다.

5시 반: 천둥소리

　오랜만에 천둥소리를 듣는다. 바람이 많이 불더니 비는 안 오고 천둥소리만 들린다. 번개도 치나? 하고 바라보지만 번개는 없고 천둥소리만 들린다. 멀리서 한 번 가까이서 한 번. 오랜만에 들으니 어쩐지 친근한 느낌이다. 정치판의 좀 모자란 사람들 고막 가까이에 저런 소리를 좀 들려주면 좋겠다. 하긴 아무리 저런 소리를 들려줘도 해석할 수 있는 지능과 양심이 없다면 어느 짝에 쓸모가 있을까?
　천둥소리를 들을 수 있는 사람만 들으면 좋겠다.

6시: 빗소리

비가 온다. 아까 그렇게 천둥이 치더니 소나기가 요란하게 쏟아진다. 뒤쪽 이삿짐은 다 내렸나? 창문으로 내다보니 다 올렸는지 사다리를 내리고 있다. 시원하게 쏟아진다.
이대로 오늘 밤까지 내렸으면 좋겠다. 집 뒤 개울물이 많이 불어나면 좋겠다. 개울 건너 동사무소 가는데 개울의 돌다리가 물에 잠겨 돌아가도 좋다.
소월의 시 〈왕십리〉가 생각난다.
'오는 비는 올지라도 한 닷새 왔으면 좋지'
그래~ 한 닷새 조용히 내려주면 고맙겠다.

6시 반: 차 들어오는 소리

차들이 줄지어 지하 주차장으로 들어간다. 분명 아침에 출근한다고 나갔던 차들이겠지. 내가 언제 저런 생활을 했었나 싶다. 저 사람들이 하루 종일 하고 온 일에 대해 어떤 생각을 하고 퇴근하고 있을까? 그저 아무 느낌도 없이 일자리에 붙어 있다가 퇴근한 사람도 있긴 하겠지만…
나도 저런 시절이 있었지. 주차장 들어올 때 내게 "고생했다." 말해주면서…

여름날 밤의 소리

7시 반: 물소리

　세탁실에서 물소리가 크게 난다. 이상하다. 세탁기 돌리지 않았는데…
　가보니까 윗집에서 세탁기를 돌린 모양인데 하수 파이프로 쏟아져 내려가는 물줄기가 아주 굵다. 작년 홍수 때의 개울물이 생각난다. 개울이 제법 깊이와 넓이가 있는데 넘치기 직전까지 차올라 무섭게 흘러가는 걸 사진 한번 찍는다고 나가봤던 기억이 난다. 정말 폭우의 위력은 대단해서 뒷산 등산로에 아름드리나무 여러 그루가 가로질러 넘어져 있었고 등산로도 산사태로 여러 군데 끊겨 있었는데 그 등산로 복구 작업이 아직도 진행되고 있는 걸 지난주 등산 때도 보고 왔다.

작년 폭우에 대한 트라우마가 내 뇌리에 잔존해 있는 것 같다.

8시: 개 짖는 소리

계단으로 개 짖는 소리가 들린다. 위층 어느 집인지 제법 덩치가 큰 개를 키우는데 그 집 개 짖는 소리는 아닌 것 같다. 그놈은 덩치에 어울리게 저음으로 짖는다는 걸 알고 있기 때문이다. 아마도 내가 모르는 작은 놈이라서 소프라노로 짖어대는 것 같다.

아들이 어렸을 때 시골집에 덩치 큰 개가 있었는데 아들이 그 개를 정말 좋아했지만 아버지께서 개가 많이 늙었다고 어느 날 데리고 나가 팔고 오셨다. 그때 세 살배기 아들이 얼마나 울었던지. 그 후로 난 개 키우는 걸 싫어했고 더욱이 여러 사람이 사는 공동주택에서는 개를 키우면 안 된다는 생각을 하고 있다.

저 개도 그냥 어디 방문차 들른 개라면 좋겠다.

8시 반: 다른 집 문 닫히는 소리

"꽝~" 아랫집인지 윗집인지 우리 집이 흔들릴 정도로 세게 문을 닫는 소리가 난다. 아니 닫힌 거라서 이렇게 크게 들렸겠지. 닫는 소리가 이렇게 크진 않을 것 같다. 무슨 일이 있나 싶어서 우리 집 문을 열고 잠시 귀를 기울이는데 별 다른 소리가 들리는 것 같지는 않다. 공동주택에서는 남의 집 일로 놀라는 경우가 많지만 저렇게 큰 문소리도 엉뚱한 피해자를 만들어 낼 수가 있다는 생각이 든다.

열었던 문을 살며시 닫는다.

9시: 티브이 소리

쉴 새 없이 소식과 정보를 쏟아내는 티브이 소리가 지금은 뉴스를 들려준다. 어느 배터리 공장에서 큰불이 나서 많은 사람이 죽었다는 뉴스가 계속 이어진다. 마주 보는 앞 동의 어느 집인가는 음악 쇼 프로그램을 크게 틀어놓은 모양이다. 모두 창문을 열어서 그런지 율동 화면까지 다 보인다.

아무리 여름이라도 그렇지, 저렇게 크게 틀어놓으면 안 되는데… 서로의 양심이 조화를 이루어 살아야 하는 게 이상적 공동주택 생활일 텐데 너무 많은 사람들이 이런 삶을 살다 보니 공동체 의식은 오히려 퇴보하고 있는 것 같아 씁쓸한 생각이 든다.

9시 반: 옆집 웃음소리

바로 옆집, 저녁에 손주들이 왔나보다. 낮엔 들리지 않던 애들 뛰는 소리, 웃고 떠드는 소리가 들린다. 아래층, 위층, 그리고 옆

집에 모두 노인이나 나이 든 부부만 살고 있기 때문에 저녁이면 항상 조용한데, 옆집엔 어쩌다 손주들이 오면 하루나 이틀 시끌벅적하다. 저 소리가 어느 때는 밤 늦게까지 이어지기도 하지만 난 그저 즐겁게 듣는다. 어쩌다 듣는 애들 소리라서 그런지 애들 싸우는 소리조차 좋게 들린다.

우리 손자, 손녀가 와서 난리굿을 치며 놀 때도 다른 집 어른들이 그렇게 들어줄까 의문이 들기는 하지만 그래도 그래주기를 바라면서 저 소리에 그냥 미소 짓는다.

10시: 급브레이크 소리

끼기기~긱… 퍼~억.

급브레이크 소리가 들리면서 무언가 부딪치는 소리가 동시에 들린다. 앞 동과 그 옆 동 사이로 보이는 도로에서 들려온 소리다. 가끔씩 저 소리를 듣지만, 특히 밤에 들으면 괜히 소름이 돋는다. 누가 다치진 않았으면 좋겠다. 밤에 차가 별로 없는 저 도로에서 급브레이크를 밟는 소리나 부딪치는 소리가 난다면 음주 운전일 확률이 높을 것이라고 나는 믿는다. 누가 신고했는지 불과 몇 분 되지 않아서 경찰차와 구급차가 오는 게 보인다. 누군가 생각지도 않았던 험한 밤을 보내겠구나~

내다보던 창문의 블라인드 커튼을 내린다.

10시 반: 음악 소리

 난 잘 시간쯤 되면 음악을 즐겨 듣는다. 핸드폰으로 어느 포털 사이트에 들어가 경음악이나 노래를 주로 듣는다. 요즘의 음악이 아니고 좀 세월이 지난 소위 7080 음악들이다. 오늘은 영화음악을 듣는다. 정말 감미롭다. 몇 곡 지나고 영화 〈스잔나〉의 주제곡이 나온다. 그 옛날 고등학교 시절, 여학생들 가득한 극장에 남학생은 나 혼자뿐이었던 극장에서 본 〈스잔나〉. 앞뒤, 좌우의 여학생 모두가 울음바다로 손수건을 적시는데 나는 혼자서 참아가며 눈만 끔뻑끔뻑했던 그날의 기억이 생생하게 떠오른다.

 〈사랑과 영혼〉의 주제가로 넘어간다. 참 듣기 좋다. 눈을 감아 본다.

11시: 시계 소리

 오늘 하루를 온통 소리에 집중하며 보냈다. 모든 소리를 다 듣고 싶었다. 자주 듣던 소리도, 듣지 못하던 소리도 다 들어보고 싶었고 그 소리를 나는 어떻게 듣는지, 내 사고와 인식의 정체성을 파악할 수 있기를 바랐다.
 이제 내 사고와 인식으로 소화한 모든 오늘의 소리를 머릿속 기억의 작은 주머니에 넣어놓고 감기는 눈으로 졸음을 따라서 잠으로 가려고 한다.

지금은 또 하루를 마감하는 마지막 초침 소리가 귀를 채운다.
이제 자야지…

선풍기

6월인데도 기온이 30도를 넘는 날이 계속되고 있다.

기후변화가 이렇게 빨리 진행된다면 과연 인류는 얼마나 생존할 수 있을까?

에어컨을 켜려고 리모컨을 찾다가 선풍기를 가져와 코드를 꽂는다.

약풍으로 틀어도 아직은 괜찮다. 다행히 습도는 높지 않아서 집 안 그늘에서는 약한 바람에도 시원함을 느낀다.

선풍기를 보면 자주 고모님 생각이 난다.

평생 자식이 없어서 두 분만 사시다가 30여 년 전 고모부는 돌아가시고 홀로 자그마한 구멍가게를 운영하다가 이제는 요양원에 들어가 계신 금년 만 100세가 되신 분.

그 구멍가게 하면서 저축한 돈이 지금 요양원에 계실 수 있는 자금이 되었고 가끔씩 조카들이 면회 가면 기름값 하라고 5만 원 짜리 하나씩 주머니에 찔러줄 정도로 마음의 여유는 있었는데 이제는 희미해지는 의식에 면회를 가도 내 얼굴을 금방 알아보지 못하신다.

그런 고모님이 쓰시던 선풍기가 있다. 일제 도시바 선풍기.

처음 나왔을 땐 분명 우윳빛이었을 텐데 지금은 누런 황토색으로 변한 채 아직도 요양원 방 한구석을 차지하고 있고 작년에도 잘 작동하는 걸 보고 온 적이 있다.

정확한 연도는 기억나지 않지만 1970년대 만들어진 제품으로 알고 있다. 고모부께서 찐빵·만두 가게를 열었을 때 가게 칸막이 뒤에서 만두 만들던 고모부가 더위를 못 견뎌 장만했다는데 이왕이면 좋은 거 산다고 그걸 구입했다고 하셨다.
고등학교 때, 어쩌다 만두가 먹고 싶어 가게에 들르면 뜨거운 여름날에 만두 먹으려면 땀 난다고 고모부가 그 선풍기를 뒤편 구석에서 끌어내 내게 돌려주던 기억이 나기도 한다.

그 선풍기가 50년은 족히 되는 지금까지도 조용한 모터 소리와 버튼 하나 고장 난 적 없이 요양원 방에서 돌아가고 있다는 게 너무도 신기한 일이다. 은근히 자존심이 상하는 일이기도 하지만 그 때의 일본 제품은 정말 품질이 월등했다고 인정하지 않을 수 없다.

지금 내가 켠 저 선풍기는 국산이다.

고모님의 옛날 도시바 선풍기보다 훨씬 현대적인 디자인에 기능도 많이 추가되어 있다. 하지만 그렇게 오랫동안 쓸 수 있을지는 의문이다.
요즘은 가전제품이 패션 상품화 되어가고 있는 추세라서 기능이나 성능에 이상이 없더라도 유행에 뒤처지면 쉽게 추방되는 현상 때문이다.

두루마리 휴지

오뉴월 감기는 개도 안 걸린다는데 웬 콧물이 이렇게 쏟아지는지 모르겠다.

어제 속옷만 입고 자다가 새벽녘 서늘한 느낌에 잠이 깼고, 화장실 다녀와서는 이불자락을 배에 걸치고 다시 잠들긴 했는데 그래서 그랬는지 아침에 일어나자마자 재채기 다섯 번을 메들리로 하긴 했었다.

그런데 아침 먹고 나서 커피 한 잔 먹을 때 콧물 한 줄기 주룩 흘렀고, 그게 커피 잔으로 떨어지기 일보 직전에 휴지로 막아 닦는 순발력을 발휘하긴 했지만, 그때부터 계속 휴지가 코밑에 방어진을 쳐야 하는 상황이 세 시간째 이어지고 있다.

콧물 닦은 휴지가 작은 휴지통에 쌓여 있다.

저걸 보니 지난 COVID-19, 소위 코로나 사태 때의 CNN 뉴스가 생각난다.

어느 날, 그날도 온 세상 뉴스를 '백신을 어디서 공급받고 또 어떤 백신을 맞아야 하는지'가 도배하고 있었는데 그 와중에 느닷없이 미국에서 휴지 때문에 난리가 났다는 뉴스를 너무도 어이없고 황당한 느낌으로 보고 있었다.

그 뉴스를 보고 있던 나도 그때 마침 코로나 양성 판정을 받아 자가 격리 중이었는데 지금처럼 흐르는 콧물을 휴지로 닦고 있었고, 그 뉴스를 보다가 내 콧물 닦은 휴지를 티브이 화면 쪽으로 내밀면서 '이거 가져가지~' 했던 기억이 난다.

그러더니 그보다 훨씬 오래전의 기억 한 편이 불려 나온다.

아주 어렸을 때 시골집 뒷간에 볼일 보러 들어가면 한쪽 귀퉁이에 감나무 잎이 놓여 있었다. 아버지가 갖다놓으신 건데 볼일 보고 나서 뒤를 닦으라고 갖다놓은 것이었다. 그리고는 국민학교 2학년 때쯤인가, 그때는 뒷간에 손바닥만한 크기로 잘라놓은 신문지나 일력(부드러운 습자지로 만든 하루가 한 장인 달력으로, 하루가 지나면 한 장씩 뜯어내는 것) 뜯은 게 놓여 있었는데, 나뭇잎으로 뒤를 닦다가 신문지나 일력 뜯은 걸 쓰면 얼마나 기분이 좋았는지 모른다.

그리고는 경부고속도로 개통할 때부터인지, 하여튼 내 경험으로는 서울에서 고등학교 다니면서부터 지금 쓰는 모양의 휴지를 쓰게 된 것으로 기억되는데 그때 휴지를 주머니에 갖고 있으면 스스로가 꽤나 깔끔하고 모던하다는, 남은 알아주지 않는 그런 자그마한 자부심도 있었던 것 같다.

지금은 휴지가 정말 휴지처럼 흔해졌다.

가끔 등산을 간다고 아침 일찍 나가는데 고속도로 휴게소에 들러보면 두루마리 화장지를 얼마나 풀어서 썼는지, 변기에 버리지 않고 바닥에 풀어놓은 화장지가 쌓인 것을 보기도 하고, 청소 카트에 실린 커다란 쓰레기통이 온통 휴지로 쌓여 있는 걸 볼 때도 있다.

너무 흔하다. 내 콧물이 휴지의 과소비 원흉 중 하나가 되지는 말아야 할 텐데…

느낌에 대하여…

때로는 느낌이 폭주한다

욕심과 양심이 으르렁거리며 달려가고
사랑과 미움이 마주 달려 부딪친다
슬픔과 화딱지가 뭉쳐서 굴러가고
웃음과 울음이 우박처럼 쏟아진다

때로는 느낌이 한산하다

욕심과 양심이 새털처럼 내려앉고
사랑과 미움이 그늘 속에 잠을 잔다

슬픔과 화딱지가 녹아서 말라 있고
웃음과 울음이 구름처럼 사라진다

때로는 느낌이 적당하다

욕심과 양심이 속삭이며 걸어가고
사랑과 미움이 마주칠까 피해 간다
슬픔과 화딱지가 그늘에 앉아 있고
웃음과 울음은 마주 보며 졸고 있다

때로는 느낌이 폭주해서 괴롭고

때로는 느낌이 한산해서 서럽고
때로는 느낌이 적당해서 외롭다

때로는 느낌이 없었으면 좋겠다

금계국

 주민센터의 평생교육 프로그램에 탁구가 있어서 이번 분기에도 등록하고 다니고 있다.
 오늘도 아파트 뒤 개울을 건너 탁구 갔다 오는데 오늘따라 개울가 샛노란 금계국이 너무 예쁘다.

 지난달 작은 아들 생일과 손녀의 생일을 함께 축하한다고 세종 쪽 어느 들판 한쪽에 자리 잡은 놀이터가 붙어 있는 음식점에 간 적이 있는데, 거기 가는 길 공주 근처 지나가는 야산 아래 길 양쪽으로 금계국이 얼마나 흐드러지게 피어 있는지, 너무 예뻐서 간이 휴게소에 차를 세우고는 야트막한 전망대에 올라 산을 물들인 밤꽃과의 환상적인 풍경을 잠시 넋을 잃고 구경했었다.

그때 눈으로 들어오던 그 노란 꽃 풍경이 왜 소월의 시 〈접동새〉의 '의붓어미 시샘에 죽은 누나'가 '야삼경 남 다 자는 밤이 깊으면, 이 산 저 산 옮아가며 슬피 울던' 그 눈물이 꽃으로 피어난 것처럼 보였는지, 그리고는 '다 못 딴 굴 바구니 머리에 이고' 달려오는 아기 엄마의 심정을 알 것 같은 그런 느낌이었는지 지금도 이유는 알 수 없지만, 그 예쁜 모습이 가슴 저리는 느낌으로 다가왔던 기억이 새롭다.

저 금계국을 약으로 쓰기도 하고 차를 끓여서 먹으면 몸에 좋다고 티브이에서 본 적이 있다. 내 기억으로는 항산화 작용이 있고 혈액 순환을 도와준다고 했는데, 최근 뉴스에서는 그 예쁜 꽃이 유감스럽게도 너무도 왕성한 번식력 때문에 우리나라에서는 생태교란종으로 분류되어 있다는 말을 들어서 저 꽃에 대한 내 판단을 어떻게 유지해야 할지 아직도 헷갈린다.

처음에는 여기저기 지방자치단체에서 관상용으로 유원지나 관광지에 심기 시작했다는데 그렇다면 그때 왜 그 왕성한 번식력에 의한 생태교란을 예측하지 못하고 저렇게 전국 곳곳으로 퍼지도록 놔뒀는지 모르겠다.

하긴 행정력 대부분이 정치인들의 국회 변명에 사용되는 듯한 모습이니 저런 사소한 것은 무시되고 있었을 것이고 지금도 여러 가지 생태교란종이 이 나라 곳곳에 퍼져나가고 있는 중일 것 같다.

그렇다고 예쁘게 보이는 걸 속일 수는 없고, 내게 주는 그런 느낌을 생태교란종이라고 퇴색시키고 싶지는 않다.

'접동 접동 아우래비 접동,
　진두강 가람 가에 살던 누나는
　진두강 앞마을에 와서 웁니다…'

내게는 그냥 예쁜 꽃이다.

치매

평생을 큰 문제 없이 살았는데 치매라니…

어느 날부터 갑자기 예기치 않은 이상한 말과 행동을 하는 식구를 마주하는 경우가 생긴다면 땅이 꺼지는 한숨부터 나올 일일 것이 틀림없다.

아버지가 그러셨다.
어느 날, 외출하셨다가 집을 못 찾아오시는 일이 생긴 후부터는 밤과 낮을 구분 못 하시는 경우도 생기고, 오래전 돌아가신 할머니와 대화하시는 모습을 보이기도 했다. 그래도 치매 초기 현상을 오래 겪지 않고 돌아가시긴 했지만 수시로 일어나는 돌발 상황에 대처하느라 어머니는 물론, 온 식구가 항상 신경을 곤두세우고 있었고 그럴 때면 긴급히 시골을 다녀와야 하는 경우가 한밤중에도 일어나곤 했었다.

오늘 가까운 친척의 치매 소식을 들었다.
연세 90을 넘기신 친척이 8명이나 생존해 계시다 보니 어느 때 부고를 받게 될지 알 수 없는 상황을 예상하여 항상 대기하는 마음으로 지내고는 있지만 치매 소식은 부고보다 더 안타까운 느낌을 갖게 한다.

오늘 치매 소식이 들려온 친척분은 정말 삶이 도덕책이라고 할 정도로 정직하고 올바르고 얌전한 삶을 살아오신 분이다. 그런데 참으로 알 수 없게 폭력성 치매라고 한다. 전혀 상상할 수 없는 일이다. 부인을 때리고 집기를 내던지고 만나는 사람들에게 시비 걸어 때리기도 한다고 한다.
자식들이 어머니를 보호하고 엉뚱한 피해자를 만들지 않기 위해 어쩔 수 없이 치매환자 보호소의 독립된 공간에 맡기고 왔다면서 울먹이는 전화에 나는 할 말을 잃고 그저 듣기만 하고 있어야 했다.

티브이 뉴스에 의대 증원 문제로 급기야 국회 청문회까지 열리고 있는 상황이 보도되고 있다. 증원의 이유와 배경을 따지고 또 정부와 의사 단체의 답변, 그리고 파업 소식을 방송하고 있지만 내 눈엔 그저 다 쓸데없는 싸움으로 보일 뿐, 닫힌 입술에는 '그럴 시간에 이런 불치병 연구나 좀 더 하지…' 하는 말만 남아서 맴돌고 있다.

누가 또 치매에 걸릴까?
내게도 언제 치매가 올지 모를 일인데, 예방은 가능할까?
아니, 온다면 무엇을 어떻게 준비하지?

잠시 심란하고 우울한 저녁 시간이 되고 있다.

내가 저녁은 먹었지?

킹크랩

오늘 집안의 경사로 너를 대하게 되었구나.

네 몸값이 제법 비싸서 보통 때는 그림의 떡으로 여기다가 특식을 먹게 되는 일이 생기면 가끔씩 네가 우선순위 1위로 등극할 때가 있고, 오늘이 바로 그런 날이 되었기에 자식들한테 말은 못 하면서도 내심 침을 흘리고 이 음식점에 들어섰단다.

난 네 삶을 대강 짐작한다.
알래스카와 캄차카 반도 사이의 어디쯤 깊은 곳에서 먹잇감 풍족히 누리면서 살다가 재수 없던 어느 날, 러시아 배의 통발에 걸려들었고 한국으로 수출되는 배에 실려 왔다가 세상 인연의 끝을 내 앞에서 보여주고 있다고 말이다.

불과 한 시간 전까지도 짙은 밤색의 껍질과 집게발로 위풍당당하게 수족관을 채우고 있던 네가 이제 내 앞에 사지를 뜯긴 채 접시 위에 누워 있구나.

내 오늘, 네 분홍색 어우러진 그 하얀 속살을 탐스럽게 씹어 달착지근한 육즙과 함께 목구멍 뒤로, 마치 발레리나가 우아하게 무대 뒤로 사라지듯이 넘겨줄 것이니, 식도의 인도하심을 곱게 따라 위장의 사열을 받음에 부끄럼이 없기를 바란다.

우리 집 경사에 네가 축하 수단이 되어주다니, 너의 영광된 마지막 헌신이 두고두고 식구들 입에 오르내릴 것이고 또 인근에 전파되어 우리 때문에라도 네 족속 일부 무리가 한국에서 명예롭게 윤회의 한 자락에 매달리게 될 것을 굳게 믿는다.

이제 네 집게다리부터 살을 꺼내보자.
삶았어도 단단한 껍질이 여전하구나. 가위와 망치가 제각각의 기능 확인을 거치고서야 통통한 하얀 살이 내 입으로 진입한다.

아~ 맛있다.

오래전, "늬들이 게 맛을 알어?" 하는 광고가 유행하던 적이 있었다. 그때나 지금이나 오랜만에 목을 넘기는 너희들 살 맛은 항상 새롭고 또 환상적이라고 할 수 있겠다. 손자에게 큰 살 반쪽을 넘겨주니 쏜살같이 입속으로 들이민다. 손자의 표정이 내 맛을 그대로 보여준다.

이번에는 굵은 다리 하나를 집어 들고 가위로 모서리를 잘라 살을 빼낸다.
토실토실한 살이 흐늘거리며 껍질을 비집고 드러난다.
반은 내 입으로 반은 손자 입으로…

네 마지막 헌신을 '더 할 수 없는 맛'이라는 칭찬으로 장식해 주고 싶구나.
다리 하나를 다시 집어 들면서 말이다.

기운 없는 아침

어제 운동을 좀 많이 했는지 초저녁부터 졸았고 결국 9시 조금 넘어 자게 되었는데 그래서인지 눈 뜨니까 새벽 5시.
그런데 기운이 없다. 온몸이 늘어진다.
하지가 지난 지 얼마 안 되어서 아직 낮 시간이 엄청 길고 벌써 해가 떴다.
하늘이 새파랗다. 일어났으면 우선 아침부터 먹어야 하는데 몸을 일으킬 수가 없다. 왜 이렇지?

억지로 일어나 침대 끝에 걸터앉는다. 고개를 숙이고 있다가 문득 다리를 내려다본다. 남들이 내 다리를 보면 내가 일어날 기운이 없다는 게 거짓말이라고 할 수밖에 없게 생겼다. 종아리 굵은 데를 재어보니 두 뼘이 넘는다. 이런데 기운이 없다니…

내가 나를 속이고 있는 건가? 갑자기 찾아온 게으름인가?
정신과 육체의 순간적인 부조화인가?

어쨌든 이러면 안 되겠다 싶어서 몸을 비틀어 일으켜 세운다. 그리고는 마지못한 몸짓으로 침대를 정리한다. 베개를 정리하고 하루 종일 붙어 있는 노트북을 잠시 돌려놓는다. 핸드폰을 들고 나가 거실 탁자에 놓고는 주방으로 향한다. 아침 먹을 때 항상 쓰는 사각 쟁반을 꺼내서 접시 세 개와 수저를 놓는다. 그리고는 냉장고에서 내 고정된 아침 먹거리를 꺼내놓는다.

식빵 한 쪽, 계란 두 개, 양상추, 견과류, 방울토마토, 바나나 한 개, 샐러드 소스, 커피 한 잔… 이게 내가 차려 먹는 고정된 아침 먹거리이다. 어제까지만 해도 야채 씻고 계란 스크램블 만들고 식빵 굽고 커피 한 잔 타서 아침 준비 끝내는 데 20분이면 충분했는데 오늘은 30분이 걸렸다.

티브이를 켜니까 7시가 다 되어간다.
보통은 6시 반이면 아침을 다 먹고 일어나는데 아까 일어나 침대에 오래 앉아 있었나 보다. 이것저것 순서 없이 입으로 넣고 있는데 얼핏 못 듣던 소리가 들려서 귀 기울이니 아~ 벌써 매미가 나왔구나.

금년 처음 듣는 매미 소리다. 이제 갓 허물을 벗고 기어올라 와 아직 여물지 않은 소리로 울어대고 있는 것 같다. 울음소리가 고르지 않고 약하게 "맴~~" 하다가 끊기고 "맴~~ 맴맴." 하다가 끊긴다. 이왕 나온 거 기운 차리거라. 조금 전의 내 모습을 매미에 대입한다.

다 먹고 나서 일어난다. 아직도 기운은 없지만 정신은 좀 맑아진 것 같다. 그릇을 설거지통에 내려놓는다. 쟁반부터 닦는다.

이제 또 내 하루를 시작해야지. 기운을 차려보자. 오늘 아침 모습을 나이 때문이라고 치부하고 싶지는 않다. 그건 숫자일 뿐이니까…

구멍 난 티셔츠

어? 구멍 났네…

뒷산에나 가볼까 하고 등산복 티셔츠를 꺼내는데 구멍이 나 있다. 지난번에 입을 때는 몰랐는데 언제 구멍이 났지? 몇 년째 이 옷을 단골로 입고 다녔더니 이렇게 닳았구나.

이 옷을 입고 참 많이도 다녔다.
봄부터 가을까지. 땀이 많은 체질이라서 남들보다 좀 더 일찍 반팔을 꺼내 입는데 특히 등산할 때는 영상 10도 정도만 되어도 반팔을 꺼내 입어야 그나마 땀을 적게 흘린다. 그런 내가 갖고 있는 반팔 등산복 티 셔츠가 여섯 장 정도 되는데, 그중 이 옷을 유독 즐겨 입었다. 디자인이 심플한 것은 다른 티셔츠도 다 그렇지만 이상하게 이 옷이 더 편한 느낌이 들고 통풍이 잘 되면서 땀을 잘 흡수해 주기 때문이다.

 어느 산인가 이름이 잘 기억이 나진 않는데 한여름 30도가 넘는 날, 정상까지는 아직 거리가 남아 있는 능선 중턱을 올라서면서 잠시 찾아온 현기증에 그만 주저앉는 일이 생긴 적이 있었다. 땀이 그야말로 비 오듯 했다. 장마 끝의 습도가 높은 날씨인 데다가 등산로에 그늘이 별로 없는 상태여서 땀 흘리는 데는 최적의 상황이었고, 하늘엔 구름마저 없었으니…
 주저앉으면서 아마도 3~4초 정도 정신을 잃었던 것 같은데 난 그때에야 사람들이 보통 얘기하는 '눈앞이 캄캄했다'라는 것을 실감했고, 의식을 차리면서도 내가 지금 어디에 있는지를 인식할 때까지는 20~30초 정도의 시간이 더 걸렸었던 것 같다.

 그때 주저앉으면서 작은 가시나무 가지에 티셔츠 끝자락이 걸려서 반쯤 들려 있었던 기억이 있는데 아마도 그때 찔렸던 곳에 구멍이 난 게 아닌가 싶다.
 자세히 보면 여기저기 오래된 흔적이 보인다. 실밥이 터진 곳이 서너 군데 보이고 지워지지 않는 풀물이 들어 있다.

 이 구멍을 기워 입어야 하나 아니면 그냥 버려야 하나?

 고민거리가 생겼다.

기워 입자니 요즘 누가 등산복을 기워 입느냐는 잔소리를 들을 건 뻔한 일이고, 그렇다고 버리자니 오래 입었던 정이라고 하는 게 있어서 쉽게 버리지도 못하고…

會者定離를 갖다 붙일 정도의 人間事는 분명 아니니까 버릴지 아니면 기워 입을지 그 결정은 나중으로 미루고 오늘은 다른 걸 입고 뒷산에 다녀와야겠다.

나가면서 구멍 난 티셔츠를 안방 재봉틀 옆에 갖다 놓는다.
일단 기워보라고…

추억 지우기

    장마 시작이라고 하더니 간밤에 많이도 퍼부었고 아침에도 잔뜩 흐리고 바람이 많이 분다. 작년엔 정말 비가 많이 와서 여기저기 산사태가 많이 났었고 그 흔적이 아직도 남아 있는 걸 등산하면서 보기도 한다.

    뉴스 보다가 재미없어서 채널을 여기저기 돌려본다. 다른 프로그램도 그저 그렇다는 생각에 아예 티브이를 꺼버린다. 그리고는 뭘 할까 궁리하면서 내 방을 한 바퀴 둘러본다. 책장 아래에 각종 파일들이 들어 있는 봉투가 쌓여 있다.
    그래, 오늘은 오래된 서류들 정리 좀 해야겠다.

    첫 번째 봉투의 서류를 꺼내 펼쳐본다.

1990년대 회사에서 업무 보던 자잘한 서류들이다. 급여명세서, 경력증명서, 본사와 메일 주고받은 것, 직원 근무 평가 서류, 사무실 임대 계약서 사본… '내가 왜 이런 걸 아직도 가지고 있을까' 하는 생각에 불필요한 것들을 파기해 버리기로 한다.

　급여명세서를 가로세로로 찢는다. 그러면서 내용을 잠깐씩 들여다본다. 찢어지는 명세서의 항목들 하나하나 추억의 파편들이 묻어 있다.

　경력증명서를 찢어놓는다. 내가 언제 이런 일들을 다 했었나 싶다. 오랜 경력의 기록으로 퇴직 후 다른 일자리 한번 찾아볼 생각으로 받아 놓은 경력증명서. 나름 화려했지만 이젠 쓸모없는 과거의 기록일 뿐이라는 씁쓸함이 엄습한다.

　본사와의 메일들을 찢어버린다. 무슨 회의 때문에 주고받기도 했고, 출장 일로 주고받기도 했고… 근데 내가 왜 이 메일 사본들을 아직도 갖고 있는지 모르겠다. 메일 주고받은 본사 직원들의 이름에 얼굴이 희미하게 보였다 사라진다.

　직원 근무 평가서를 찢어버린다. 급여 조정을 위해 실시하던 근무 평가에 대해 객관성을 유지하려고 직원 하나하나를 면담할 때의 갈등 국면이 기억난다. 나는 지금도 세상에서 제일 힘든 게 사람을 평가하는 일이라고 생각한다.

두툼한 봉투에서 사진들을 꺼낸다. 직장에서의 사진과 가족사진이 뒤섞여서 한 뭉치가 쏟아진다. 대부분 몇 년 전에 컴퓨터로 옮겨놓은 사진들이고 컴퓨터로도 거의 다시 보지 않고 있는 사진들이다. 한 장씩 들여다보다가 몇 장씩 들고 찢어버린다. 잠시 불러낸 기억들을 찢으면서 다시 기억의 뒤편으로 보내버린다.

찢어버린 서류와 사진들이 방바닥에 한가득 쌓여 있다. 쓰레기통을 가져와 쓸어 담는다. 찢어진 서류와 함께 사진 속의 시간과 추억을 무심히 지워버린다.

어느새 또 비가 내리고 있다.

뒤틀린 四季

봄이 오려다 발목을 다쳤나
삼월 뒷산에 흰 눈을 두르고
봄을 익히다 햇살이 약했나
사월 그늘에 서릿발 생긴다

봄이 자다가 시간을 밟았나
이월 끝자락 철쭉이 보이고
봄이 오다가 여름을 깨웠나
사월 공원에 작약이 빨갛다

여름이 오면서 감기에 걸렸나
오월 가운데 수선화 보이고

여름을 데우다 열기가 덜했나
유월 끝자락 우박을 던진다

여름이 오다가 무엇이 급했나
유월 앞자락 코스모스 보이고
여름이 오면서 무엇에 쫓기나
유월 끝 섶에 매미 소리 들린다

가을이 오려다 여름에 들켰나
구월 바닷가 모래밭이 뜨겁고
가을을 샘하여 제 풀에 울었나
시월 구름에 장맛비가 담긴다

가을이 오다가 품 자락 찢겼나
시월 배추에 얼음장 입히고
가을이 놀다가 이불을 잃었나
시월 밤바람 고드름 열린다

겨울이 오려다 오는 길 잃었나
동짓달 하늘에 소나기 퍼붓고
겨울을 가려다 돌부리 걸렸나
섣달 햇볕에 단풍이 노랗다

겨울이 오면서 외로움 깊었나
정월 끝자락에 개나리 보이고
겨울이 가기 전 봄날을 보았나
이월 이마 끝에 진달래 빨갛다

뒤틀리는 계절에 하늘도 놀랐나
비구름 붙잡아 멍든 얼굴 가린다

야전침대

―

 아들이 손자를 데리고 캠핑을 떠날 모양인지 옛날 군용 야전침대 같은 야외용 침대가 거실에 나와 있다. 난 이 야전침대만 보면 저절로 옛날 생각이 난다.

 아마도 국민학교 2~3학년쯤이 아니었나 싶다.
 아버지는 학교 앞부터 여관 뒤까지의 넓은 밭에 토마토를 심어서 여름이면 매일 전날 저녁 토마토를 리어카 한가득 따서 실어 놓았다가 다음 날 해 뜰 무렵이면 고개 넘어 역전 장터로 내다 팔고 들어오셨는데 그날도 리어카에 빠알간 토마토를 산더미처럼 실어놓고 뒷마루에서 저녁을 먹고 있었다.

 저녁을 다 드신 아버지는 리어카 옆에 있던 야전침대로 옮겨 앉으시고는 담배 한 대 말아서 맛있게 피우시더니 그때 내 나이로는 전혀 이해가 되지 않는 말씀을 하셨다.

"내일 밤에 천지개벽한다는디 다 죽기 전에 돼지나 한 마리 잡어먹을까?" 하시면서 하늘을 쳐다보고 계셨다.

하늘엔 별이 너무도 많았고 비스듬한 남북 방향으로 어머니가 얘기해 주시던 견우직녀 만나는 구름 같은 다리가 뿌옇게 보이고 있었다. 그리고는 수시로 별똥별이 이쪽으로 저쪽으로 떨어지고 있었다.

천지개벽?
난 대강 하늘이 무너진다는 뜻으로 알고 있었는데 그게 내일이라고?
하늘이 얼마나 무거울지? 무너지면 그냥 다 깔려 죽을 텐데… 영문도 모른 채 깔려 죽게 된다는 게 무서웠다.

하긴 며칠 전부터 아버지가 장에 갔다 오시면 어머니랑 무슨 말씀을 심각하게 얘기하고 계시다가 우리 형제가 곁을 지나가거나 들으려고 하면 그냥 피하기도 하셨고 할머니랑 얘기하시다가 "늬들은 가서 놀아라." 하기도 하셨다.

어쨌든 내일이면 다 죽는 건가? 부모님 표정도 할머니 표정도 정말 어둡기 짝이 없어서 난 그냥 덩달아 무섭고 심란하기만 했고 하늘의 별과 아버지를 번갈아 쳐다보고 있다가 문득 '아 저 야전침대에 누우면 누운 자리는 푹 들어가니까 하늘이 무너져도 살아날 수 있지 않나?' 하는 생각이 들었었고 그래서 '난 내일 아침부터 저 침대에 누워 있을까?' 하는 기막힌 술수를 생각하기도 했었다.

그때 천지개벽한다는 말이 어떤 혜성이 지구를 향해 오다가 지구와 충돌할지도 모른다는 걱정스러운 뉴스가 확대 재생산되어 무지몽매한 우리 아버지 같은 가장들의 미래를 잠시나마 뭉개놓고 있었다는 사실을 한참 나이 들어서야 알게 되었지만, 저 야전침대를 보면 아버지와 토마토, 그리고 그 찬란하던 밤하늘의 별과 은하수가 그림 한 폭이 되어 눈앞에 내려앉는다.

'저 침대에 누우면 나는 살 수 있는데…' 복잡한 미소가 입가에 실린다.

모기 한 쌍

"앵~~~"

아휴~ 내가 네놈을 기필코 파리채로 압살하여 빨아먹은 내 피가 네 몸에서 터져 나와 다시 네 몸을 물들이게 하리라.

거룩한 맹세를 하면서 요놈의 실체를 찾아 불을 켜고 여기저기 두리번거린다.

천정에서 벽으로, 벽에서 커튼으로, 커튼에서 책상으로, 책상에서 침대로, 침대에서 다시 천정으로…

'왜 안 보이는 거냐?'

이번에는 구석구석을 째려보기 시작한다.

이불자락 접힌 구석 위쪽에서 아래쪽으로, 왼쪽에서 오른쪽으로, 베갯잇 위에서 아래로, 책장 뒤 구석을 플래시 불빛으로, 컴퓨터 뒤쪽을 살며시 들어보고…

'왜 안 보이는 거냐?'

잠시 멍하니 앉아 있다가 일단 전등을 꺼보기로 한다. 그런데 요놈이 내 머리 위에 붙어 있기라도 했었는지 전등을 끄자마자 오른쪽 귓가에 사이렌을 울린다.
딱~~
초속 10미터는 될 듯이 내가 내 귀싸대기를 날린다.
"아야~~" 나도 모르게 나를 때리고는 막심한 후회를 순간적으로 내뱉는다.
그리고는 분노의 손길로 전등을 켠다. 다시 이글거리는 눈동자로 수색에 나선다.
'너를 기필코 내 손으로 참하리라.'

혹시 머리에 붙어 있나 우선 거울을 본다.
없다. 그래서 다시 처음의 순서를 반복한다.
천정에서 벽으로, 벽에서 커튼으로, 커튼에서 책상으로, 책상에서 침대로, 침대에서 다시 천정으로… 그래도 안 보인다. 다시 이불자락 접힌 구석 위쪽에서 아래쪽으로, 왼쪽에서 오른쪽으로, 베갯잇 위에서 아래로, 책장 뒤 구석을 플래시 불빛으로, 컴퓨터 뒤쪽으로 칼날 같은 눈초리를 쏘아보지만, 모기라는 놈은 보이질 않는다.

약 오르고 짜증 난다.

침대에 걸터앉으면서 한숨 실은 눈길이 부모님 사진을 스치다가 뭔가 이상한 것 같아 다시 보는데 어머니 오른쪽 눈에 뭔가 이상한 게 붙어 있다.

모기다. 그것도 두 마리가 짝짓기를, 하필이면 어머니 눈 위에서…

하지만 내 분노가 먼저이다. 어머니 눈동자를 향해 파리채를 조준 사격한다. 액자 유리에 핏자국이 번지고 두 마리가 붙은 채 그대로 압사한다.

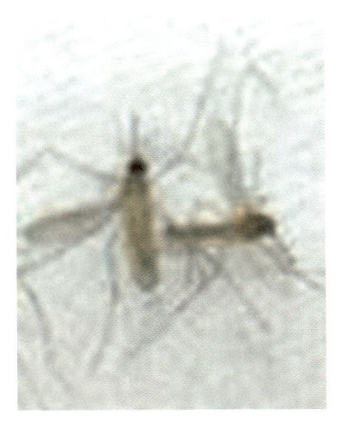

액자 유리를 닦으면서 "어머니 죄송합니다."

옛날에 모기장 안에서 잠잘 때, 모기장 어디 구멍이라도 있을까, 아니면 들락거리면서 모기 들어갈 틈이라도 생기지 않았는지 밤잠 설치며 모기장을 살펴주시던 모습이 떠오른다. 반도 못 갚았는데 일찍 돌아가셨으니…

모기가 어디서 들어왔지?
창문을 살펴보고 다시 눕는다.

복권

꿈이 참 좋았다.

어디 나갔다 들어오는데 어디서 집 나온 흑돼지 한 마리가 나를 졸졸 따라오고 있었다. 얼마나 살이 쪘는지 늘어진 뱃살이 바닥에 닿을 것 같았고 새끼를 낳았는지 젖이 불어 있었다. 처음 봤을 때는 어느 집 돼지인지 찾아 돌려주려고 "누구네 돼지입니까?" 하고 소리를 질렀는데 아무도 내다보는 사람이 없었고 그럭저럭 우리 집 앞에까지 다 왔는데 갑자기 이놈이 내 앞을 가로막더니 제 입으로 우리 집 대문을 열고 먼저 들어간다. 돼지 한 마리 몰고 들어온 셈이다. 아버지가 나오시면서 "아니, 웬 돼지냐?" 하시더니 언제 돼지우리가 만들어져 있었는지 우리에 돼지를 몰아넣으신다.

그리고는 이어서 무슨 꿈인지 생각나지 않는 꿈 하나를 더 꾸고 새벽 찬 바람에 눈을 떴는데 아침 먹고 운동을 끝낼 때까지는 그 꿈이 생각나지 않고 있다가 점심 때 다 돼서 뉴스 잠깐 보려고 티브이를 켜는데 돼지고기 광고가 뜨면서 그제야 어젯밤 돼지 꿈이 생각났고 그래서 바로 옷을 갈아입고 가까운 전철역의 복권방에 갔다.

다른 때도 가끔 좋은 꿈을 꾼 날이면 복권을 사긴 했고 꼭 만 원어치만 자동으로 찍히는 번호를 샀지만, 오늘은 이상하게 번호를 내가 직접 선택하고 싶어진다. 그런데 여섯 개의 번호를 어떤 조합으로 만들까 고민이 되기 시작한다. 그래서 핸드폰을 열고 직전 대여섯 회차의 1등 번호를 들여다본다. 패턴이 일정할 리가 없지만 대충 번호가 두세 개는 연이어 아니면 건너뛰더라도 가까운 번호가 이어지기도 한다는 내 눈이 만든 패턴으로 복권 번호에 까만 줄을 이어나간다.

두 줄은 똑같은 번호로 하기도 하고 나머지는 모두 다른 번호로 여섯 개씩의 조합을 그려나가는데 그것도 시간이 좀 걸린 것 같다. 그사이 내 뒤로 5~6명 단체로 서 있던 사람들이 한꺼번에 수십 장의 복권을 사 간다. 그중 한 명은 내가 번호 조합 그리는 걸 잠깐 흘겨보기도 했는데 혹시 내 번호 훔쳐본 건 아니겠지? 하면서 지갑에서 만 원짜리 하나 꺼내서 복권 파는 사람에게 건넨다. 내가 선택한 번호표 두 장을 받아 든다.

1등 당첨되면 당첨금을 언제 어떻게 찾으러 가지? 주초보다는 주중이, 낮보다는 아침 시간이 안전하겠지? 찾으러 갈 때 내 차를 가져갈까, 아니면 지하철로 갈까? 내 차를 가져가면 흥분 상태에서 자칫 사고라도 날 수 있으니 그냥 지하철로 가는 게 좋을 것 같고, 갔다가 올 때는 택시 타고 오는 게 좋겠지?

 당첨금을 어떻게 쓸까? 물론 애들한테 공평하고 합당하게 나눠 주긴 해야 하겠지만 우선은 내 노후 자금을 먼저 생각하는 게 순서 아닐까?

 돼지 꿈이 실현되지 못할 행복한 고민과 갈등으로 이어지고 있다.
 단 며칠이지만 행복한 상상을 할 수 있게 해준 돼지가 오늘 밤 꿈에도 나타나면 좋겠다. 꿈은 꿈일 뿐이라는 사실을 너무나 잘 알면서도 말이다.

네 번째 책

―――

　가끔씩 정리되지 않는 상념을 붙들고 씨름하다 지쳐 그냥 머리 밖으로 내동댕이치는 때가 있다. 지금이 그렇다.

　전에도 그런 때가 있긴 했지만 이번처럼 오래가지 않고 대강 빠른 시간 안에 결론을 내렸는데 이번에는 갈팡질팡 우왕좌왕 그야말로 번지수를 못 찾고 있다. 이 현상을 친구들도 식구들도 '나이 탓'이라면서 아주 쉽게 해석하지만 난 전혀 그렇게 생각하지 않는다.

　여기 이사 올 때 정말 많은 것을 생각해야 했다. 먼저 살던 집을 팔고 나서의 자금 운용 문제와 더불어 이사 갈 곳의 교통이나 환경 등을 나름대로 우선순위를 정해놓고 따져보다 보면 대강 어디로 가는 게 합당한지 답이 나오는 데 그렇게 긴 시간이 걸리지 않았다.

그리고는 얼마 전 지금 살고 있는 집을 근거로 한 주택연금 가입에 대한 아들의 강력한 권고에 대해 결정을 내릴 때도 이 주제에 대한 복잡한 상념들을 다 소화하는 데 그렇게 오랜 시간이 걸리지는 않았었다.

하지만 이번에는 정말 시간이 오래 걸린다. 벌써 2년째 이 주제와 씨름하고 있다.

그동안 나는 세 권의 책을 썼다. 처음 쓴 책은 아버지의 삶을 거의 사실대로 요약한 단편과 고등학생 때부터 모아둔 습작 시와 새로 쓴 시들을 모은 것으로 책을 낸 것이었고 두 번째 책은 내 자서전을 시로 써본 것이었다. 그리고 세 번째 책은 픽션으로는 처음 써본 책이었다.

첫 번째 책은 이미 오래전부터 주제와 형식을 정해놓고 있었기에 쓰기 시작하는 데 고민할 시간이 전혀 필요 없었고, 두 번째 책은 나의 삶을 연도별로 정리하고 그걸 시로 쓴 것이기에 표현 형식에 대한 고민의 시간은 필요했지만 쓰는 데 그렇게 오래 걸리지는 않았다. 세 번째 책은 단편으로 여러 가지 에피소드를 만들어 내는 데는 시간이 좀 걸렸지만 그래도 시작 단계에서 고민하는 주제와 형식을 결정하는 데는 오랜 시간이 걸리지 않았다.

하지만 이번 네 번째 책을 쓰기로 마음먹고는 무엇을 어떤 방법으로 써야 할지 고민하기 시작한 게 벌써 2년이 넘는다. 지금 이렇게 수상록을 쓰고는 있지만 이 글들이 책으로 나오게 될지는 아직도 나 자신에게 확답을 못 주고 있다.

다른 형식의 글을 쓸까? 그렇다면 무슨 주제로 어떻게 전개해 나가야 할까?

내동댕이친 상념들을 다시 끌어모아 씨름판에 올려본다.
누가 이기나 또 한 판 붙어보자.

흐르지 않는 물

솔잎에 쌓인 눈, 낙엽을 덮은 눈
햇빛에 비비 꼬다 녹아 흐르고
별빛 품은 서릿발, 달빛 담은 얼음장
바람이 문지르니 녹아 흐른다

초가지붕 이슬비, 논밭의 가랑비
이리저리 헤매이다 줄기 되어 흐르고
이 집 저 집 씻은 물, 공장의 닦은 물
요리조리 맴돌다 줄기 타고 흐른다

줄기 타고 흐른 물
어디랴 고여질까 얕은 곳을 넘어가고

줄기마다 굵어진 물
어디랴 스며들까 발걸음을 재촉한다

줄기 되고 줄기 되어 합하여 소리 내고
시냇물 이름 달아 동네를 유람한다
합하고 합하면서 낮은 데로 떨어지고
굽이굽이를 굽이지며 지나간다

합쳐서 합쳐지면 저수지라 불리울까
달리기에 지치면 거기에 머무르고
합치고 합쳐지면 호수라 불리울까
옛날이 그리우면 거기에 누워본다

합치다 흐르고 머무르다 흐르고
합쳐서 흐르고 누웠다 흐르면
강 되고 강이 되어 합하여 강이 되고
강 되고 강이 되어 합하여 바다 된다

그렇게 그렇게 모두가 흘러간다
녹아서 합쳐서 시내 되고 강이 되고
강 되고 바다 되어 하늘 갔다 내려와서
녹고 합치고 시내 되고 강이 되고

하지만, 그대 아는가?
흐르지 못하는 물이 있는 걸
사막 깊은 곳 땅속 깊은 곳
흐르지 못하는 물이 있는 걸
흐르는 물이 모르는 물이 있는 걸…

발톱 죽이기

 산을 오를 때는 아무 문제가 없다가 경사진 비탈길을 내려올 때 엄지발가락이 등산화 코에 지속적인 압박을 가하게 됨으로 인해 엄지발가락의 발톱이 새까맣게 죽게되는 경우가 생긴다.
 이번에도 경사가 좀 심한 하산 길이었고 다 내려왔을 때쯤 발가락 끝이 많이 아프기 시작했는데 집에 와 씻으면서 보니까 역시나 엄지발가락의 발톱이 검붉게 변하고 있다.
 이런 상태면 며칠 지나 완전히 새까맣게 변하고 그리고는 새 발톱이 자라날 때까지는 한참의 시간이 지나야 한다.

 처음 이런 현상을 겪었을 때 누군가 등산화를 너무 딱 맞는 걸 신어서 그렇다 하길래 한 사이즈 큰 걸로 바꿔 신기도 했고, 또 누군가는 딱 맞는 걸 신고 끈을 잘 매면 그런 일 없을 거라고 하길래 다시 딱 맞는 걸로 바꿔서 끈 묶는 것에 신경 쓰면서 다녔는데 역시 경사가 좀 심한 산을 내려오면 여지없이 겪는 일이어서 이젠 산에 갈 때는 그 산에 대한 등산 후기를 몇 개씩 읽어보고 가곤한다.

그런데 생각해 보면 삶의 과정에도 이렇게 발톱을 죽이는 것과 같은 악순환을 겪는 일이 허다하다는 생각이 든다.

이렇게 하면 되겠지 해서 해봤는데 실패하고, 이렇게 하면 된다 해서 해봤는데 실패하고, 저렇게 하면 되겠지 해서 해봤는데 실패하고, 저렇게 하면 된다 해서 해봤는데 실패하고…

내 방법도 남이 알려주는 방법도 내게 주어진 문제를 해결하기에는 다 '참'이 아니었던 경우를 허다하게 겪는다. 그게 사소한 일이든 중요한 일이든 간에 각자의 문제점을 해결하기에는 각자의 조건에 맞게 그 방법이 조율되고 수정되어 적용되어야 한다는 걸 모르고 말이다.

삶의 방식은 표준화된 모델이 없기에 '인생 매뉴얼'이라고 이름 지어진 책을 볼 수가 없다. 어떻게 사는 게 잘 사는 건지를 말하는 책들은 수도 없이 많다. 하지만 그건 그저 자신의 생각이나 경험에 의한 추정 이론일 뿐으로, 그렇기에 인간은 모두 각자 다른 삶을 살 수밖에 없는 게 아닌가 생각한다.

오늘도, 지금도, 인간은 각자 서로 다른 생각과 서로 다른 방식으로 서로 다른 삶을 살아가고 있다. 같은 밥을 먹으면서도 반찬은 다르게 먹듯이…

다음 등산 갈 때는 걸음을 좀 다르게 해볼까 생각한다.
경사진 곳을 내려갈 때는 우선 뒤꿈치를 힘 있게 먼저 딛고 발가락 쪽을 가볍게 딛는 방식으로 발가락 쪽으로 실리는 체중을 감소시켜 보면 어떨까 생각 중이다.
이 생각이 맞는지는 가봐야 알겠지만…

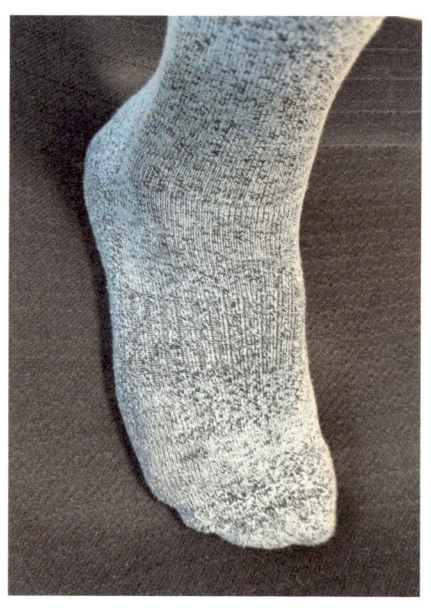

누나

 어렸을 적, 심한 가뭄이 들어 우물이 마르면 아버지는 이때 우물을 청소해야 한다고 그 깊은 우물에 도르래를 타고 내려가신다. 그때면 누나는 거의 사색이 되어 우물 아래로 내려가는 아버지를 바라보지 못하고 얼굴을 돌렸고, 형이 아버지 따라 내려간다고 도르래를 잡으면 얼굴 파랗게 질리면서 "너 미쳤냐?" 소리치며 말렸던 누나다.

 그런 누나가 이젠 허리 꼬부라진 노인네가 되었다.
 허리 굽은 모습을 누구에게 보이는 게 싫어서 외출할 일이 있어도 어지간한 일 아니면 나가려고 하지 않는다고 한다.

 어릴 적 그렇게도 동생들을 챙겨주던 누나가 시집간다고 하니까 따라간다고 나섰다가 어머니한테 혼났던 기억과, 시집가서 처음에는 편하게 지내다가 몇 년 후부터 포도 농장 한다고 땡볕에 수건 하나 뒤집어쓰고 긴 여름을 밭에서 일하던 모습이 누나를 보면 수시로 떠오른다.

그리고는 밭일이 너무 힘들어 처분하고 사슴 농장으로 돈벌이를 했는데, 그것도 여러 가지 여자의 노역과 조력을 많이 필요로 하는 일이어서 쉴 새가 없었고 그런 노동의 대가가 삼 남매의 성장과 각각의 반듯한 가정을 독립하여 이루게 하는 보이지 않는 밑거름이 되었었는데, 지난번 첫 외손자의 결혼식에 그 노동 훈장의 무게를 이기지 못하고 굽어지는 허리를 펴보이려고 애쓰던 모습은 잠시였지만 내 눈시울을 붉게 만들기도 했었다.

이제 누나가 80이 넘었다.
벌써 "오래 살아서 뭐 하냐?" 하는 말을 한다. 내게 들리기는 '더 살고 싶지만 이런 모습으로는 싫다'로 들린다.

인생이란 과연 어떤 상태까지의 삶이 진정한 인생일까?
보통은 단순한 물리적 현상으로 그저 육신이 존재했다 사라지는 동안을 인생이라고 생각하는데, 난 그 육신을 정신이 지배하고 있고, 육신은 그저 정신이 시키는 대로 움직이다 지쳐 나가떨어지고 마는 것이니, 정신이 제대로일 때까지만 인생이라고 해야 맞는 게 아닐까 생각한다.

누나도 남들 못지않은 한 많은 여자의 일생을 살아왔지만 육신을 저렇게 만든 그 정신은 도대체 어디서 생겨나는 것이었을까?

물론 그 정신의 소유주도 누나이고 그 정신의 생산자도 분명 누나 자신이었을 것이지만 무엇이 그런 정신을 가지게 했는지는 누나 자신도 모르는 일 아닐까?

이젠 우리 형제들이 다 같이 老 자를 단 나이가 되었지만 힘들게 산 인생의 징표를 벌써 무겁게 매단 누나의 모습은 정말 안타깝다.

되돌릴 수 없는 세월에 대한 허망함이 달력을 보며 새삼스럽다.

손

―――

거룩한 손이 있다.

평생을 식구들 뒷바라지하다 쭈글쭈글해진 엄마의 손,

평생 어둠 가시기 바쁘게 밖에 나가 일하다 쭈글쭈글해진 아버지의 손,

마음의 병이 깊게 든 사람을 구원의 길로 이끌어 가던 어느 수녀님의 손,

이해 못 한 학생이 있을까 봐 정열적으로 식과 풀이를 하나하나 써주던 선생님의 손,

길을 묻는 할머니에게 길바닥에 그림까지 그리면서 설명하던 어린아이의 손…

내 주변에도 사람이 사람을 존중하는 거룩한 손들이 있다.

더러운 손이 있다.

남의 집 논으로 들어가고 있는 물길을 밤에 몰래 내 논으로 돌려버리는 손,

피땀으로 모은 부모의 재산을 놀음판에 탕진하고 부모를 해하는 자식의 손,

보이스 피싱을 저지르는 손, 마음의 상처를 만들고 삶을 망치는 악플러의 손,

자신의 허물을 모르면서 남의 허물을 손가락질하는 손,

자신의 분수를 모르고 허황된 권력을 탐하며 반대 의견을 무시하는 정치가의 손,

내 주변에도 사람을 사람으로 보지 않는 더러운 손들이 있다.

그냥 보통의 손이 있다.

평범하게 살면서 모나지 않은 삶을 사는 사람들의 손, 때로는 실수로 남에게 피해도 주지만 그게 고의가 아니어서 금방 후회하고 어쩔 수 없다면 죗값도 치르고, 때로는 바탕에 깔린 '善'으로 약자에게 자리를 양보하며 어지간한 피해는 참고 감내하고, 그저 법 안의 방법으로 재산을 모아보려고 아등바등 살아가는 보통 사람들의 손,

내 주변에는 사람을 사람으로 여기는 보통의 손들이 많이 있다.

거룩한 손과 보통의 손 사이의 손이 있다. 대강 사람들을 중시하는 입장에 있는 그룹에 속하는 사람들의 손이다.

더러운 손과 보통의 손 사이의 손이 있다. 대강 사람들보다는 물질에 대한 욕심을 중시하는 입장에 있는 그룹에 속하는 사람들의 손이다.

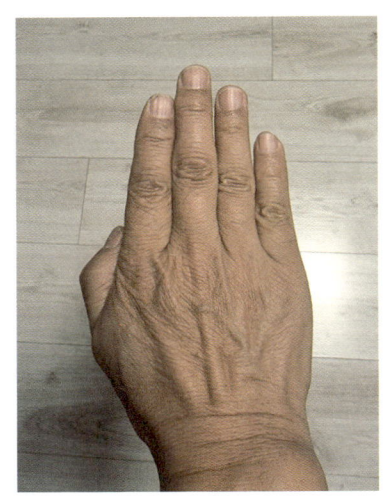

내게도 손이 있다.
내 손은 어떤 손일까?
아니면 어떤 손인 척하면서 살고 있는 걸까?

인체 부위 중 가장 많이 움직이는 부위가 손이다.
삶을 영위하는 과정의 모든 행위에 관여하는 손.

내 손에도 주름이 늘어나고 그 주름이 굵어지고 있다.
그 주름골에 더러움보다는 거룩함이 조금이라도 묻어 있으면 좋겠다.

인연

오면서 잡았던 인연, 가면서 놓아야 할 인연인데…
　세상 모든 인연이 그렇다는 걸 일찌감치 알고는 있지만 막상 닥치면 그런 원리는 까맣게 잊은 채 안타까워하는 게 인지상정이리라 믿는다.

　인간의 일상은 인연의 연속이다. 사람과의 만남과 이별, 동식물 또는 사물과의 만남과 이별, 경우나 사건, 성공과 실패의 만남과 이별까지 모든 일상이 다 인연이다.

　그 인연에 길고 짧음이 있다.

　관계가 형성된 사람과의 인연은 대체로 길지만 관계가 없는 사람과 어쩌다 만나거나 스치는 인연은 상대적으로 짧다.

동식물과의 인연도 관계나 소유가 형성되면 대체로 길지만 관계나 소유가 아닌 어쩌다 보거나 스치는 인연이면 짧을 수밖에 없다.

경우나 사건 또는 성공과 실패와의 인연도 관계 속에서 발생하면 길지만 관계없는 사건 또는 성공과 실패를 만나게 되는 인연은 짧다.

관계 속에서는 인연을 인연이라 느끼지만, 관계 밖에서는 인연을 인연이라 느끼지 못한다.

옛날 시골집에서 키우던 개가 있었다. 그냥 별 볼 일 없는 보통의 토종개였지만 오래 키운 정이 얼마나 깊었는지 수명을 다해 죽기 직전 아버지가 어디론가 데려갈 때 너무도 안타까운 눈길로 바라봤던 기억이 있다. 관계있는 한 인연을 이별하는 것이었다. 하지만 옆집 시끄럽게 짖던 개가 어느 날 사라졌다는 소식을 들었을 때는 아무런 느낌이 없었다. 관계없는 인연을 이별했기 때문이었다.

오랫동안 타던 차를 폐차할 때, 폐차장으로 끌려가는 차의 뒤꽁무니를 보면서 "그동안 수고했다."라는 말을 되풀이했던 일이 기억난다. 관계있는 한 인연을 이별한 것이었다.

그때 길옆 다른 견인차에는 큰 사고로 엉망진창이 된 차 한 대가

역시 폐차장으로 향하고 있었다. 하지만 그저 순간적인 연민의 눈길 한번 스쳤을 뿐이었다. 나와는 관계없는 인연이었기 때문이었다.

그런데 관계로 맺어진 인연도 정말 많지만 관계없는 인연이라고 생각되는 인연도 이어지고 이어지면 결국은 나와 관계가 있는 인연으로 되돌아오는 건 아닐까?
그렇게 생각하면 내 눈에 보이고, 내 귀에 들리고, 내 머리에서 생각되고, 내 손과 내 몸으로 느껴지는 모든 인연은 지속 시간이나 관계 유무와는 상관없이 그저 내게 왔다가 기필코 나한테서 떠나는 것이니 내 존재가 사라지는 순간 그 모든 인연은 내게서 다시 다른 누군가에게로 이어질 것이 분명하다.

그렇다면 이 세상 모든 인연은 원래는 하나의 인연이었다가 분화와 분화를 거듭하고 거듭하여 지금 작동하고 있는 것은 아닐까?

홍수

한밤중 잠 깨우며 쏟아붓더니
무슨 원한의 한풀이로
골골진 산자락 할퀴고 쓸어내려
누우런 네 눈물이 홍수가 되었더냐

천둥을 부르고 번개를 벗하더니
무슨 복수의 분풀이로
논밭들 거리를 훑듯이 쓸어 담아
누우런 네 핏물이 홍수가 되었더냐

그렇게
다 익은 수박밭을 쓸어가고

수천 마리 닭장을 삼켜보고
꼬부랑 노인집을 덮쳐보니
그 누런 눈물의 한과 핏물의 분이
영롱한 방울로 투명한 물줄기로
맑게 풀리고 시원하게 가시더냐

그게 아니라고
그게 아니었다고
적어도 사람에겐
그게 아닌 줄 알게 되면

햇빛 찬란하여
모두가 제 잘난척 하는 날에
검은 욕심 품은 무리들

네 원한과 복수심의 검은 물결로
훑고 쓸고 덮치고 삼켜버려라

맑은 세상 시원한 세상
네 검은 홍수로 만들어 보거라

아… 그건,
그건 꼭
햇빛 찬란한 날이 아니어도 좋겠다

살아보니…

삶은 햇빛이었다.

젖은 빨래가 소리 없이 마르듯이 근심 걱정이 저절로 사라진 날들을 가끔씩 살았다. 가을날 티 없이 파랗게 물든 하늘처럼 마음의 티가 걷히고 추운 마음 녹아지던 그런 날의 삶은 햇빛이었다.

삶은 바람이었다.

굳은, 아니면 연약한 신념과 의지가 이따금씩 산들산들 흔들리며 살았다. 약한 바람에 꺾어지기도 했고 강한 바람에 버티며 살기도 했다. 가끔은 그런 바람을 그리워하기도 했다. 그런 날의 삶은 바람이었다.

삶은 구름이었다.

때로는 하늘이 보이지 않았다. 해가 보이지 않았다. 마르지 않는 근심 걱정을 붙들며 살던 날들이 있었다. 미련 가득한 시선만 초롱초롱했던 그런 날의 삶은 구름이었다.

삶은 안개였다.
사고와 행동이 제 길을 잃고 헤매던 날들이 있었다. 손과 발의 촉감만으로 생각과 움직임이 일어나던 날들이 있었다. 사고와 행동이 제 길을 못 찾던 날들을 가끔씩 살았다. 그런 날의 삶은 안개였다.

삶은 이슬이었다.
기쁨도 슬픔도, 행복도 불행도 가끔씩 짧게 왔다 사라졌다. 특히 기쁨과 행복이 그랬다.
그 짧은 기쁨과 행복이 때로는 슬픔과 불행의 긴 시간을 삼켜주기도 했다. 그런 날의 삶은 이슬이었다.

삶은 빗줄기였다.
물은 필요한 만큼만 있으면 된다. 내게 주어진 기회를 성공으로 이끌기 위한 수단이 필요한 때가 있었다. 어쩌다 그 수단이 제때 나타나기도 했지만, 필요 없을 때 나타나는 때도 있었다. 그런 날의 삶은 빗줄기였다.

삶은 천둥이었다.

가끔씩 식구들이나 주변 사람들을 놀라게 하며 살았다. 전혀 생각지도 못한 결정으로 그들의 고정관념을 흔들어 놓았다. 진로의 선택이 그랬고 사고의 방향 전환이 그랬다. 내 스스로를 놀라게 하기도 했다. 그런 날의 삶은 천둥이었다.

삶은 번개였다.
어린 시절의 기억이 머릿속에 반짝이다 사라진다. 소년 시절, 청년 시절의 기억이 가끔씩 반짝인다. 35년의 직장 생활도 이따금씩 스친다. 가끔씩 무념무상 속을 추억의 그림자가 춤추며 날아왔다 사라진다. 그런 날의 삶은 번개였다.

삶은 서릿발이었다.
누가 밟으면 무너질까, 아니면 부서질까, 겨우 만들어 낸 크고 작은 성공의 씨앗이 밟힐까 봐 안절부절못하던 날들이 있었다. 힘들게 작성한 데이터나 리포트를 누가 볼까 잠 못 자던 때도 있었다. 그런 날의 삶은 서릿발이었다.

삶은 눈이었다.
아무리 애를 써서 만들고 이루어도 결국은 하얗게 덮이고 마는 날들이 있었다. 어쩔 수 없이 당했지만, 그 당함을 온당하다고 여기며 체념하고 받아들여야 하는 날들을 어쩌다 살기도 했다. 물질에 대한 욕심이 가끔씩 그랬고 그런 날의 삶은 눈이었다.

삶은 어둠이었다.

가끔은 아무것도 보이지 않았다. 달빛, 별빛도 사라져서 길도 사람도 보이지 않던 날들이 있었다. 길이 보여야 갈 텐데, 사람이 보여야 물어보기라도 할 텐데, 안 보이는 어둠 속에 난 내 존재 하나만을 전부로 알아야 했다. 그런 날의 삶은 어둠이었다.

삶은 이따금 햇빛, 바람, 구름, 안개, 이슬, 빗줄기, 천둥, 번개, 눈, 어둠으로 옷을 갈아입으며 존재를 지속했지만 결국 품에 안은 건 아무것도 없었다. 그걸 깨닫는 지금의 삶은 아무것도 아니다.

평행선

만나지 않는 두 개의 선.

이루어질 수 없는 일인 줄 알면서도 언젠가는 이루어질 것이라는 희망을 갖는다면 그 현실과 희망이 지금은 일단 평행선이라 할 수 있을 것이다. 하지만 인간은 대부분 그런 희망이 현실과 만나게 되는 것을 꿈꾸며 그 평행선을 깨려고 노력하는 삶을 이상적으로 여기며 살아간다. 평행선을 평행선이 아니게 만들고 싶어 하고 어쩌다 그 평행선을 깨기도 한다.

종교가 그런 게 아닐까?
지고의 선과 사랑, 지고의 자비와, 지고의 힘과 능력, 지고의 깨달음에 자신은 도달하지 못한다는 것을 알면서도 그렇게 되기를 바라며 기도하고 수련하는 인간의 애절한 모습. 분명한 현실적 평행선을 인정하면서도 언젠가는 현실이 희망을 만날 것이라는, 그 평행선이 깨어지는 상황을 믿음의 궁극적 목적으로 기도하며 살아가는 종교적 삶이 그중 하나일 것 같다. 그리고 그 평행을 죽음에 이르기까지의 수행과 고행으로 깨어버리며 추종자들이 종교를 만들게 한 몇몇의 성인을 우리는 이미 잘 알고 있다.

사랑이 그런 게 아닐까?
영화나 책을 보면서 이상적 사랑을 꿈꾼다. 이상적 상대를 만나 이상적인 사랑을 해보고 싶어 한다. 언젠가는 그렇게 될 것이라 믿으며 지금의 내 몸과 마음을 준비한다. 예쁘게 보이고 싶어서, 건강하게 보이고 싶어서 주어진 몸의 상태를 바꾸려고도 노력한다. 화장이나 운동도 열심히 한다. 현실적 상황이 그런 이상적 사랑의 상대를 만나는 상황과는 너무도 거리가 먼 평행선이라 할지라도 언젠가는 그런 상대를 만날 것을 꿈꾸며 살아간다. 그런 평행을 깨고 실제로 이상적인 사랑을 이루어 만인의 부러움을 산 경우의 얘기를 이따금 매체를 통해 듣기도 한다.

성공이 그런 게 아닐까?
국가나 정당 또는 신념을 같이하는 무리 속에서의 성공을 원하는 사람들이 있다.
이익집단 또는 자신의 이익을 극대화하려는 경쟁자들 사이에서의 성공을 원하는 사람들이 있다. 전문가 또는 전문 지식을 추구하는 사회집단 속에서의 성공을 원하는 사람들이 있다. 하지만 현실이 그런 희망과는 거리가 너무 멀기에, 단잠 줄이고 시간을 아끼며 아등바등 그 희망과의 평행을 깨보려고 노력한다.

 그런 평행을 깨고 실제로 이상적인 성공에 이르러 대중의 부러움을 사는 사람들이 있다는 사실을 우리는 잘 알고 있다.

 지금은 만나지 않는 평행선으로 보이지만, 그게 영원히 평행선이지는 않을 것으로 생각되는 일들이 우리 주변에 존재한다고 믿는다. 하지만 지금은 평행선이어야 그걸 깨보려는 의지와 노력을 하게 된다. 그렇게 지금의 평행선은, 언젠가는 그 평행이 깨어지게 하려는 목적 있는 삶의 이유가 되어야 한다.

약장

밴드 하나 붙이려고 약장을 열어보니 문득 약이 참 많다는 생각이 든다.

언제 이렇게 아팠는지 모르겠다. 병원에서 처방받은 약이 제법 많다.

감기약이 종류별로 있다. 코감기약, 목감기약, 해열제, 코로나 진단키트가 보인다.

어쩌다 찾아오는 손주들의 감기약도 있다.

내과 약도 다양하다. 소화제, 제산제, 장염약이라고 써 있는 약국 봉투가 여덟 개나 된다.

소독약도 바르는 약, 뿌리는 약에 붙이는 것도 있다. 중국 여행하다 샀던 호랑이 연고, 우황청심환도 있고 호주 출장 갔다 샀던 프로폴리스도 두 통이나 있다.
 영양제도 지금 보니 정말 다양하고 많다. 자식들이 사다 준 비타민제도 네 가지나 되고, 조카가 보낸 건강 보조제도 있다.

 그 약들이 내 허리 높이인 서랍장 두 칸 안에 차고 넘쳐서 세 번째 칸을 반이나 채우고 있다. 내가 아침저녁, 고정적으로 먹는 병원 처방약은 따로 책상 위에 나와 있는데도 말이다. 작년에 유효기간 지난 약들을 한바탕 치우고 버렸는데도 이렇게 남아 있다.

 이렇게 많은 약이 지금 당장은 먹거나 바르거나 쓰이지 않고 있고, 쓰임이 생길 때를 기다리고 있다. 그런데 가만히 생각해 보면 내 나이쯤의 평균적, 보편적 삶을 사는 사람들 집이라면 대강 이 정도의 약을 가지고 있을 것이라는 생각이 든다.

 문득 우리의 삶에도 이런 약장의 약들처럼, 당장은 쓰이지는 않지만 쓰일 때를 기다리며 숨어 있는 재주나 재능이 많을 것 같다는 생각이 든다. 한 가지의 재주나 재능만을 갖고 있는 사람은 없을 것이다. 사람은 주어진 여러 가지 재주와 재능 중에서 그 나이와 상황에 가장 맞는 것으로 삶을 지탱하고 유지해 나가고 있다고 생각된다.

 물론 그 쓰지 않고 남아 있는 재주나 재능에도 유효기간이 지난 것들은 있을 것이다. 건강이 따라 주지 않아서 폐기 처분해야 할 재주나 재능도 있을 것이고, 재물이나 장소, 시간이 충족되지 않아서 나타나지 못하고 있는 재주나 재능이 있을 것이고, 또는 아예 여물지 않아서 재주나 재능의 장 속에 들어가지 못한 것들도 있을 것이다.

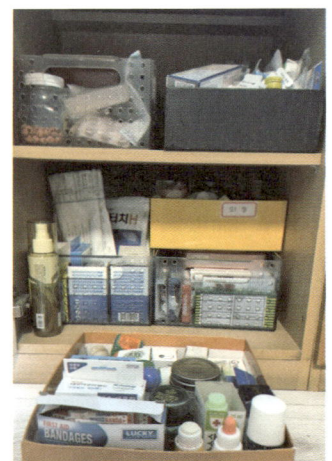

그렇다면 내게 남은, 앞으로 내게 쓰임 될 만한 재주나 재능은 무엇이 남아 있을까?

그것들이 쓰임 될 수 있는 수단인 건강과 재물이나 장소, 시간 등 필요조건들의 상태는 어떤 상황일까?

매미 소리 조용해지면 내 재주와 재능의 장을 한번 정리해 봐야겠다.

아무도 모르게 비밀리에 도표를 만들어 보고, 혹시라도 모든 게 폐기 대상이라면 나이 때문이라고 쓴 미소 지으며 삭제해 봐야겠다.

일회용 밴드 하나 꺼내고 조용히 약장을 닫는다.

무지개

 황토빛 동녘 하늘의 검은 구름, 그 널찍한 치맛자락 위에 영롱한 무지개가 떴다.
 너무도 오랜만에 보는 무지개다. 서쪽 하늘은 옅은 구름 속에 해의 윤곽만 어렴풋하다. 바람은 여전히 불고 있고 매미 소리는 다시 시끄럽게 들리고 있다.

 예전에 이런 바람 부는 날 그랬듯이 저 무지개도 오래 버티지는 못할 것 같다. 바람 부는 날의 무지개는 바람에 쉽게 흐트러지거나 사라지기 때문이다. 모처럼의 무지개를 오래 보고 싶은데 미리부터 아쉬움이 담긴 눈길이 만들어지고 있다.

 얼마 후 올림픽이 열린다고 한다.

우리나라는 양궁에 대한 메달 기대를 다른 종목들보다 우선하고 있는 것 같다. 무지개는 양궁 모양과는 사뭇 다른 모습의 국궁 모습이라고 할 수 있고, 그래서 무지개를 '天弓(천궁, 하늘의 활)'이라고 한다는 말을 들어본 적이 있다. 그 말을 들었을 때 그렇다면 '天矢(천시, 하늘의 화살)'로 표현될 만한 기상 현상도 있으면 좋을 텐데, 하는 아쉬움이 생겼던 기억이 난다.

사람들은 누구나 자신의 삶 속에 무지개와 같은 화려하고 다양한 추억의 줄기들을 간직하고 있으리라 생각한다. 남녀노소를 막론하고 말이다. 그렇다면 그 무지개 같은 추억 속의 빨간빛 추억, 주홍빛 추억, 노란빛 추억, 초록빛 추억, 파란빛 추억, 남색빛 추억, 보랏빛 추억들은 각각 무엇이었을까? 그리고 그 빛과 빛 사이를 이어준 추억들은 또 무엇이었을까?

단순하기도 하고 파란만장하기도 할 수 있는 그런 추억의 파편들이 제각각 다른 빛을 반사하고 있고 그 다른 빛들이 모여서 각자 현재의 사고와 행동을 지배한다고 하면 과언일까?

분명한 것은 사람들은 누구나 그런 무지개 추억보다 더 멋지고 화려한 무지개가 만들어지기를 꿈꾸며 살아간다. 그 꿈이 현실이 된 경우라면, 자신의 무지개 색깔은 더욱 진한 색을 갖게 될 것이고 지워지지 않을 흔적으로 남아 현재 삶의 바탕으로 작용하게 될 것이라 믿는다. 빨간빛은 더 빨간빛으로, 보랏빛은 더 진한 보랏빛이 되면서…

하지만 그 무지갯빛 전체가 한꺼번에 다 변하는 때는 없는 걸까?
복권 1등에 당첨되어도 빛깔은 한 개만 변할 것 같은데 모든 색이 한꺼번에 변하는 일은 없을까?
그 모든 것이 한꺼번에 변할 수 있는 날…
그렇다면 혹시 '눈을 감는 날'은 아닐까?

매미 소리가 계속 시끄럽다.
무지개가 천천히 사라지고 있다.

올림픽

프랑스 파리에서 하계 올림픽이 열리고 있다.

우리나라 선수들의 선전 소식에 올림픽 초반의 국내 분위기가 상당히 좋은 것 같다.

특히 개막식에서 대한민국이 북한으로 잘못 호명되어 소개되는 불상사에도 불구하고, 올림픽 스폰서인 삼성전자의 핸드폰이 선수들에게 지급되어 대단한 광고효과를 얻게 됨을 비롯해, 탄소 배출을 최소화하는 올림픽을 열겠다는 의도로 인해 지정된 선수단 숙소에 에어컨 가동이 되지 않는 문제를 쿨링 재킷이나 냉풍기 또는 이동식 에어컨으로 해결해 주는 것과, 고기가 없는 선수촌 식단의 문제점을 미리 파악하고 아예 국내 선수촌의 조리사들을 파견하여 한국 선수단은 별도로 식사를 제공하는 등, 한국의 위상에 걸맞은 선수단의 대처와 선전이, 오랫동안 부정적이고 혐오스러운 정치판 뉴스에 눈과 귀가 지쳐 있는 대다수 국민들에게 가뭄의 단비 같은 장면들을 보여주고 있어서 정말 기분 좋은 며칠을 보내고 있다.

 그럼에도 불구하고 파리 올림픽에는 여러 가지 불상사가 이어지고 있는 것 같다.
 국가 이름의 호명 오류나 오기는 물론, 수영경기를 한다는 센강의 수질 문제, 선수단 이동에 사용되는 버스의 에어컨을 켜지 않는 문제, 파리로 통하는 대륙 철도망에 대한 테러 등 올림픽에 직접적인 악영향을 미치는 문제들을 포함해, 이스라엘과 팔레스타인, 레바논 사이의 전쟁과 러시아와 우크라이나의 지속적인 전쟁 문제가 또한 간접적인 악영향을 미치는 것으로 분석되고 있다. 스포츠를 통한 세계 인류 전체의 화합을 상징적 목표로 하는 올림픽 정신에 완전히 반하는 현상이기 때문이다.

 이스라엘과의 무기 거래가 원인이라고 생각되는 미국의 묵시적 용인 아래 이어지고 있는 듯한 이스라엘의 주변국과의 지속적인 전쟁은 러시아와 우크라이나의 전쟁에 꼬리가 휘말려 있는 NATO 국가들의 불안을 가중시키고 있고 미국 차기 대선의 승자가 누가 될지에 따라 급변할 수 있는 남북한 문제를 포함한 불안하기 짝이 없는 동북아 정세와 더불어 마치 세계를 뒤집어 버릴 것만 같은 분위기를 만들고 있는 것 같다는 느낌이다.

   이렇게 나라 밖에서는 어지럽고 어두운 소식이 들려오더라도 나라 안에서는 항시 따뜻하고 훈훈한 소식이 들려오기를 바라는 마음이었지만 정말 오랫동안 썩어가는 정치판의 뉴스만이 미디어 대부분을 덮고 있어서 눈과 귀가 심한 전염병을 앓는 느낌이었는데 4년마다 열리는 올림픽에서 들려오고 보여주는 우리 선수단의 아름다운 투혼 소식은 눈과 귀에 소독약 역할을 해주는 것은 물론, 심장에 싱싱한 혈류를 새로이 만들어 주는 느낌마저 갖게 한다.

   오늘도 몇 가지 종목을 볼 수 있는 시간이 되는 것 같아 티브이를 켠다.
   가슴 졸이면서 보게 될 경기도 두세 개는 될 것 같아 벌써부터 긴장되기도 한다.

우리나라의 모든 시끄러운 정치 쟁점들도, 객관적이고도 공정한 대다수 국민들의 바람이 심판하는 명쾌한 승패의 경기장 위에 올려지면 좋겠다.

어둠 속 1

―

녹슨 기찻길 어두운 터널 속
안개 섞인 검은 구름 내리깔리고
길 잃은 멧돼지의 신음이 처절하다

세월 넘어 가버린 기차는
시간표 없는 정거장에 처박혀 있고
버려진 의자 하나엔
다리 다친 쥐 한 마리의
마지막 밤이 힘겹게 스며든다

엉망으로 불어오는 바람 끝엔
기저귀 찬 겨울이 숨어들고

뒤죽박죽 널브러진 낙엽들은
차가운 철길과 어둠의 이불을 다툰다

의미 없는 과거는
터널 벽 그을음에 묻혀 있고
올 일 없는 미래는
지구 뒤편으로 해를 품고 떠났다

멧돼지의 신음은
다시 천둥 되어 터널 속을 흔들고
쥐새끼의 고통은
먹구름을 더 어둡게 만든다

언제 사라질지 모르는 어둠과

언제 그칠지 모르는 고통과
언제 끝날지 모르는 인내가
악몽처럼 이어지고 있다

내 어둠 속엔
이런 풍경 하나 괴롭다

어둠 속 2

살풋한 빛만 남긴
따뜻한 어둠이 내리면
자장가가 아기 숨소리를 품다가
아기 숨소리가 자장가를 품는다

어둠 건넌 다른 집엔
곱게 깔린 음악 소리 잔잔하고
한 줌 뿌려진 달빛은
흰 벽에서 은빛을 쏟아낸다

어렴풋 오솔길 하나
달빛 끈이 되어 산으로 오르면

집 찾는 산비둘기
그 길 따라 날아가 숨어들고

선잠 든 노루 한 마리
올빼미 날갯짓에 움찔 놀라
한 발 뛰다 다시 누워
가물가물 눈꺼풀 내려 닫으면

진작 스며든 밤안개는
나뭇가지 사이를 조용히 산책한다

아홉 줄 돌리다 쉬고 있던 왕거미
줄에 묻은 안개 이슬을
몸 흔들어 떨구고서
열 번째 줄을 서서히 뱉어 돌면

구름 뒤로 숨어 가던 달
틈새 넓게 열린 서쪽길을
살금살금 거미처럼 내려간다

언제 사라질지 모르는 어둠에도
그치지 않을 고요가 있고
끝나지 않을 평화가 있고

지지 않을 고운 꿈이 있다

내 어둠 속엔
이런 풍경 하나도 보인다

어떤 세상을…

'10 – 5=5'라는 세상을 살도록 배웠다.

초, 중, 고등학교 12년과 대학교 4년 동안 이 원칙을 바탕으로 배웠고, 그리고 긴 직장 생활 속에서도 이런 수식을 원칙으로 알고 살았다. 그리고 이 원칙을 대물림하여 자식들을 가르치고 지금도 변치 않는 진리라고 믿으며 살아간다.

하지만 나를 포함한 대부분의 사람들은 '10 – 5는 〉=10' 정도 되는 세상을 바라며 살고 있다. 경제적이든, 물질적이든, 정신적이든 간에 내가 투자하는 정도보다, 내게서 빠져나가는 것보다 훨씬 더 큰 효과를 기대한다. 복권을 사면서 기대하는 결과는 극단적 예가 될 수 있겠지만, 그렇게 모두의 바람은 배워서 취득한 원칙에 머물고 싶어 하지 않는다. 이런 바람이 문명을 진보하게 만드는 동력의 하나가 되기도 했겠지만 반면에 순수한 인성을 부패하게 하는 바이러스 역할을 톡톡히 하고 있다고 생각되기도 한다.

그렇게 자신은 '10 - 5는 >=10'이기를 바라면서 반대로 남들은 '10+5는 <=10'이기를 바란다. 남들이 손해를 봐야 그만큼이 내게 돌아온다고 믿는다. 하지만 실제로는 남들이 손해 본 것의 100%가 내게 돌아오질 않는다. 내게 돌아오는 것은 남들이 손해 본 것 중 아주 미미한 부분인 경우가 허다하다. 이유는 그런 과정상의 투자를 전혀 하지 않았으면서도 '>0'의 이익을 챙겨 먹는 사람들이 항시 존재하기 때문이다. 합법적이든 불법적이든 간에 투자의 주체는 아니면서도 알선이나 중개라는 명목의 수수료를 가져가는 매개자가 있기 마련이다.

그래서 세상은 '10-5=5'라는 세상을 살도록 배우고 또 가르치고 있지만 실제의 삶은 그렇게 살지 못하는 모순된 삶을 살아간다. 그렇다면 우리는 이러한 것을 변하지 않는 진리라고 가르칠 것이 아니고, 그저 수학적 계산에만 적용되는 진리라고 분명한 정의의 한계를 함께 가르쳐야 하는 건 아닐지 모르겠다.

삶을 어떻게 살아가야 한다고 표현된 보편적 진리는 대부분 사회적 도덕성을 바탕으로 하고 있지만, 인간의 이기적 본성이 함께 조화롭게 투영된 진리는 존재하지 않는 것 같다. 지금 21세기를 살고 있는 인류의 보편적 삶의 모습을 정의할 수 있는 진리는 과연 무엇일까?

지금까지 인간에 대해 내려져 온 다양한 철학적 정의는 문명을 만들고 창조하고 누리는 이제까지의 시간대 속에서만 정의될 수 있는 것이었다고 생각한다면, 앞으로는 인류가 만든 문명에 지배당하는 피지배자적 입장에서의 존재 이유가 새로이 정의되어야 할 것이라는 생각이 든다. 분명해 보이는 것은 이제 인간은 지구상에서의 지배자적 존재에서 스스로 피지배자적인 입장으로 이동하는 갈림길에 서 있다는 것이다. 그래서 인간은 인간 자신에 대한 기존의 존재 이유와 가치, 그리고 생존 방식과 원칙에 대한 모든 정의나 진리 같은 것들을 이런 갈림길로 들어서는 상황에 맞게 수정 또는 재설정 해야 할 때가 아닐까 생각된다.

밖은 34도인데 이런 생각이 드는 내 머릿속은 좀 추워지는 느낌이다.

손녀의 감기

―

금년에 초등학교에 입학한 손녀가 있다.

애기 때부터 책을 읽어줘야 잠이 들었다는데 지금도 틈만 나면 책을 읽어서 그런지 그 나이에 비해 정말 아는 게 많은 것 같다. 요즘은 그리스 로마 신화에 빠져 있어서 서넛의 신 이름밖에 기억 못 하는 나한테 줄줄이 신들의 이름과 족보를 들이대면서 대답 못 하는 할애비의 괴로움을 즐거워하기도 한다.

그런 녀석을 방학이 되어서 어디라도 하루 데려가서 재밌게 해주고 싶은 마음에 오라고 했더니 이모네 갔다가 우리 집에 오는 스케줄을 잡았기에 어제 내가 데려오기로 했었는데, 이모네에 있는 동안 열이 나고 기침을 한다고 해서 할 수 없이 그냥 아들네로 데려다 줘야 하는 상황이 생기게 되었다.

집에 가는 길 내내 기침을 심하게 하면서도 잠깐 졸다 깨더니 누구는 어떤 신이고, 어느 신이 누구랑 결혼했고, 누구는 어느 신의 아들이고 등등 신들의 족보를 중간중간 "할아버지 아세요?" 하는 질문을 양념으로 내 무지를 반주 삼아 노래하듯이 쏟아낸다. 그렇게 기억하는 모습이 장하고 기특하고 대견스럽기도 하면서도 한편으로는 '그게 네 삶에 크게 도움 되는 지식은 아닐 것 같다'라는 말이 목 아래까지 올라왔다 내려가는 것을 느끼면서 기침 소리가 예사롭지 않다는 느낌이 들었다.

세 시간을 달려 아들 집에 도착하니 저녁 시간이 되었고 아들이 사주는 저녁을 먹고 올라왔는데 오늘 병원 진단 결과가 폐렴이라는 말을 듣고는, 더운 날씨에 시원한 동굴을 가보려던 계획이 취소되어서 손녀가 많이 실망하는 모습에 안쓰러웠는데 그래도 일찍 데려다준 것이 빨리 치료를 받게 한 것 같아 조금은 위로가 되기도 한다.

뉴스에는 코로나 환자가 다시 급증하고 있고 애들은 수족구병이나 백일해가 유행하고 있다는 소식이 들린다. 65세 이상은 10월부터 코로나 예방접종을 실시할 계획이라는 얘기도 들린다. 감기, 독감 이런 단어는 어릴 적부터 들어왔던 흔한 병명이지만 AI 시대로 가고 있다는 아직까지도 우리 주변에 생명을 위협할 수 있는 무서운 병으로 남아 있다는 게 인간 능력의 한계를 보여주는 것 같아 씁쓸한 느낌을 지울 수 없게 한다.

지난 3년간 코로나라는 병명 하나로 전 세계가 힘든 시간을 보냈는데, 다시금 그런 상황이 재현되지는 않을까 걱정스럽고 무엇보다도 그런 힘든 시대를 우리 자식들의 세대와 그 후손들의 세대에게 전가하게 되는 건 아닐까, 그게 더 걱정이라는 생각이다.

이스라엘이 가자 지구의 학교에 폭격을 가해서 어린 학생이 최소 80명이 사망했다는 뉴스가 나온다. 애굽 땅에서의 핍박을 오래 전에 벗어난 민족이라면 원수를 사랑하지는 못하더라도 그 비극의 원수를 이렇게 갚는 일은 하지 말아야 할 것이라는 생각이 든다.
더구나 어린 애들에게 무슨 죄가 있단 말인가? 어른들이 극복 못 한 질병의 짐만도 너무나 무거울 텐데 말이다.

계곡 알탕

오랜만에 초등 친구들과 계곡 물놀이 – 소위 '알탕'(계곡물에 알몸 담그기) – 를 즐길 목적으로 산행에 나섰다. 매달 다니는 산행이지만 이번 달은 너무 뜨거운 날씨에 다들 지친 상태여서 그런지 제대로 산행하기에는 무리라는 중론을 근거로 정상석을 알현한다는 본래의 목적을 계곡물에 입수하는 것으로 변경하기에 이르렀고, 그래도 겨우 4명만이 참석하는 물놀이를 가기로 한 것인데, 나는 이른 아침, 얼마 전에 개통된 8호선 연장선 별내역에서 경춘선을 갈아타고 가평역에 이른다. 상봉역으로 돌아오지 않았는데도 집에서부터 두 시간 반이나 걸린다.

역에서 내려 택시를 타고 자연휴양림 입구에서 내려 올라가는데 길이 온통 돌이라서 걷기가 힘들 정도다. 아침 10시 반의 햇빛이 벌써 불덩이 같고 불과 5분을 걸었는데 등이 화끈거리는 느낌과 더불어 땀이 머리와 등에서 솟구치는 느낌이다. 잠시 그늘 속 돌에 앉아 하늘을 바라본다. 산등성이 뒤로 뭉게구름 한 덩어리가 보인다. 차라리 저게 빨리 커져서 소나기라도 내렸으면 좋겠다. 말없이 부채질하는 한 친구의 표정엔 '에이, 씨~ 괜히 왔나?' 하는 느낌이 실려 있는 것 같기도 하다.

다시 일어나 계곡을 따라 올라간다. 계곡 웅덩이 곳곳에 벌써 사람들이 들어차 있다. 그동안 비가 자주 내려서 그런지 계곡물은 풍성한 편이고 흐르는 물소리도 제법 크다. 폭포 가까이 이르러서 우리도 들어가 몸을 담글 곳을 찾는데 마땅한 곳이 없어서 다시 내려오면서 계곡 쪽을 계속 살펴보는데 문득 아이들이 안 보인다는 것을 깨닫는다. 다시금 유심히 보면서 내려오는데 물속이나 그늘 속의 텐트에도 모두 젊은 남녀이거나 나이 든 사람들뿐, 아이들은 전혀 안 보인다.

예전 같으면 이렇게 뜨거운 날, 특히 여름방학 중의 이런 주말 계곡에는 아이들이 넘쳐났을 텐데 어떻게 이렇게 없을 수가 있는지 새삼스러운 놀라움에 소름이 돋는 듯한 느낌마저 든다. 튜브나 공 같은 알록달록 아이들 물놀이 용품과 수영복으로 여름 계곡이 화려하다는 것이 내 경험에 따른 인식이었는데 지금 보이는 계곡의 모습은 그런 인식과는 너무도 달라 보인다.

그런 생각으로 10여 분쯤 내려오다 겨우 마땅한 곳을 찾아 배낭을 내려놓고 물속으로 들어간다. 시원한 물줄기를 즐기며 발을 담그기도 하고 누워 보기도 하고 엎드려 보기도 한다. 옛날 소창 팬티 바람으로 즐기던 향천사 계곡의 추억이 떠오르기도 한다.
잠시 어린 시절로 돌아가 본다.

아이들이 보이지 않는 여름 계곡에서 아이들 대신 초로의 산객 넷이서 아이들의 모습으로 물놀이를 즐긴다. 안 보이는 아이들의 첨벙거리며 떠드는 소리가 눈과 귀를 넘어 머릿속으로만 보이고 들린다.

여름방학 주말 계곡에 아이들이 안 보인다.

등산화

 중후한 품격을 신고 다니며 흙을 밟을 일 없는 신사화도 아니고, 발랄함 가득 찬 미래를 신고서 새벽 안갯길을 달리는 운동화도 아니고, 논밭일, 바다 일 힘든 노역 신고서 땀과 물에 마를 일 없는 장화도 아니고, 어쩌다 변덕으로 달력에 빨간색 표시된 날, 스트레스 해소한다는 고귀한 핑계를 구실 삼은 한 사람을 신고서 집을 나서는 신세가 된 내 팔자를 탓하지 말자.
 난 태어나기를 산이나 다니는 신발로 태어났으니 산밖에는 갈 데가 없다고 푸념하면 무슨 소용이 있단 말인가? 오늘도 두 달 만에 산에 간다는 주인 발에 신겨서 새벽이슬에 젖은 길을 나선다.

 우선 아파트 단지와 뒤 개울가 산책로로 이어진 계단을 내려간다. 앞꿈치에 실리는 무게가 2주 전보다 약간 가볍게 느껴진다.

소화가 잘 안된다더니 살이 빠진 건가? 어찌 되었든 주인 몸무게가 줄었다는 건 내겐 나쁜 일은 아니다. 난 닳아 없어질 운명이기에 천천히 닳는 것이 내 명을 늘리는 일이지만 그건 순전히 주인이 어떻게 나를 관리 하느냐에 따라 결정될 일이기에 그저 처분만 바랄 뿐이다.

터벅터벅… 그렇지만 느린 걸음은 아니다. 걸음 속도를 봐서는 주인의 기분이 그저 보통 때의 산행 걸음과 달라 보이지 않는다. 몇 발짝 젖은 흙을 밟고 가다가 콘크리트 산책길을 걷는다. 평지이기도 하지만 발걸음이 가볍다. 개울가 산책길이 잘 포장이 되어 있어서 힘들이지 않고 걷는다. 짧은 다리 아래를 서너 번 건너가서 교회 옆 등산길로 접어든다.

주인 핸드폰에 전화벨이 울린다. 잠시 몇 마디 듣기만 하더니

"에이 씨~" 하고는 끊어버린다. 여론조사나 보험상품 광고 전화였던 게 분명하다. 그런데 바로 또 벨이 울린다. 다시 주머니에서 전화기를 꺼내 번호를 확인하더니 전화를 받는다. "응, 그래~ 별일 없냐? 거기 산불이 심하고, 지진이 자꾸 난다더니 괜찮은 거냐?" 미국 서부 지역으로 이민 간 동생 전화가 분명하다. "그래. 여긴 다 별일 없고 난 지금 산에 가는 중이니까 나중에 다시 통화하자~" 짧은 통화로 전화를 끊는다.

난 이제 작년에 떨어져 쌓인 낙엽을 밟고 간다. 등산로에는 작년에 떨어진 낙엽 그 아래에 재작년에 떨어진 낙엽도 깔려 있다.
개미 두 마리가 밟힌다. 에휴~ 죽었겠지. 내 주인을 원망하지 말거라. 비록 너희들을 밟아 죽이긴 했어도 본래 그렇게 잔인한 사람은 아니란다. 사람들이 흔히 죽이는 파리, 모기는 보이면 사정없이 잡아 죽여도 다른 곤충이나 벌레들은 너그럽게 피해 다니는 사람이란다. 오늘은 주인도 모르는 사이에 내 밑창에 깔려 죽었으니 내가 죄인이 되어 너희들 명복을 빌어주마.

한적한 산길을 걷는다. 걸음의 속도와 무게로 느껴지는 주인의 마음이 지극히 평온해 보인다. 한참 동안 숲속 산길을 간다. 오르락내리락, 다시 오르락으로 500여 미터 높이의 정상을 향해 간다.

연리지 소나무 옆을 지나간다. 하마터면 돌부리에 걸려서 넘어질 뻔한다. 연리지 나무를 보며 가느라 발밑의 돌부리를 못 봤겠지. 근데 저 나무를 보면서 뭘 느꼈을까? 돌부리에 다친 내 코의 아픔보다 더한 느낌이 있었나?

정상석 코앞에 벤치가 있다. 땀을 닦으며 냉커피를 꺼내 마신다. 나도 주인 발에서 빠져나와 잠시 쉰다. 땀 흐르는 주인 얼굴 위로 날파리 한 마리가 귀찮게 날아다닌다. 다친 내 코 앞으로는 개미 한 마리가 올라온다.

바람이 시원하다.

긴 여름 그 끝에서…

추석이 내일인데 32도의 폭염특보라니… 미쳐도 단단히 미쳤다.

4년 전, '코로나'라는 낯선 전염병으로 세상이 한바탕 길게 난리를 치더니 이젠 날씨마저 미쳐 돌아가고 있는 것 같다. 그런 전염병과 기후 때문일까, 그릇된 욕심과 자만으로 세상의 수많은 사람들을 죽음의 공포 속으로 몰아넣고 있는 권력자들이 늘어나는 것 같고, 그래서 지구에 태어나 먼지 같은 하찮은 삶을 영위하는 내 자신을 회의적인 시선으로 바라보게 되는 경우가 생겨서 그럴 때마다 답답해지는 가슴에 시원한 바람이라도 맞아보려고 자주 산에 오른다.

오늘도 뒷산에 오른다. 초입은 제법 경사가 가파르다. 매미가

운다. 긴 여름 내내 아직도 짝을 못 찾아 지쳐 우는 것인지 우는 소리가 가냘프고 애처롭게 들린다. 너무 서러워 하지 마라. 분명 네게도 짝은 있겠지만 짝이 듣고 찾아오게 하려면 좀 더 우렁차게 울어야 할 것 같다. 매미에게 한마디 충고하면서 초입 경사면 정상의 정자에 이른다. 잠시 앉아 숨을 고른다.

  정자 옆의 단풍나무에 단풍잎 몇 개가 색이 변하고 있다. 이파리 몇 개가 반 정도 붉게 물들고 있는데 자세히 보니 자연스러운 단풍이 아니고 뜨거운 햇빛에 타서 색이 바랜 것 같다. 그럼 그렇지… 숨을 고르고 다시 일어나 산을 오른다. 문득 나무 그늘 속은 시원하다는 느낌이 든다. 벌써 땀이 나기 시작하는 등짝에 시원한 바람이 스치고 간다. 그늘이어서 그렇겠지 하면서도 분명 가을 냄새가 묻어 있다는 것을 느낀다. 그래~ 제아무리 더워도 가을은 오고 있지. 좀 늦었을 뿐이고…

  산길을 간다. '터벅터벅'보다는 조금 빠르게, 또박또박 발걸음을 옮긴다. 까마귀 소리가 요란하더니 청설모 한 마리가 먼발치 산길을 가로지른다. 그쯤에 도토리가 많이도 떨어져 있고 야생 밤송이 빈 껍데기들이 굴러다닌다. 이름 모를 나지막한 나무의 나뭇잎 몇 개가 갈색으로 물들었다. 이건 분명 단풍이다. 가을이 오고 있다.

  내 인생의 가을도 일흔 번을 넘었다. 그 수많은 가을이 다 다른 가을이었다. 색이 다르고 맛이 다르고 느낌이 다른 가을이었다. 하지만 언제나 초조한 모습으로 가을을 보냈던 것 같다. 항상 무엇엔가 쫓기고, 정해진 무엇을 향해 바쁘게 가야만 했던 가을이었고 그래서 지금 걷고 있는 이 산길에 놓이는 내 발걸음처럼 느긋하고 편안한 가을의 시간은 한 번도 없었던 것 같다.

이 가을엔 좀 느긋해 보자. 생각을 느긋하게 하고, 행동을 느긋하게 하고, 쫓기지 말고 달음질하지 말아보자. 그런 가을을 마중하자는 다짐의 긴 한숨을 토해본다.
과연 그렇게 될지는 모르지만…

아무리 더워도 가을은 오고 있다.

초판 1쇄 발행　2024. 12. 18.

지은이　김이현
펴낸이　김병호
펴낸곳　주식회사 바른북스

편집진행　이지나
디자인　김민지

등록　2019년 4월 3일 제2019-000040호
주소　서울시 성동구 연무장5길 9-16, 301호 (성수동2가, 블루스톤타워)
대표전화　070-7857-9719 | **경영지원**　02-3409-9719 | **팩스**　070-7610-9820

•바른북스는 여러분의 다양한 아이디어와 원고 투고를 설레는 마음으로 기다리고 있습니다.
이메일　barunbooks21@naver.com | **원고투고**　barunbooks21@naver.com
홈페이지　www.barunbooks.com | **공식 블로그**　blog.naver.com/barunbooks7
공식 포스트　post.naver.com/barunbooks7 | **페이스북**　facebook.com/barunbooks7

ⓒ 김이현, 2024
ISBN 979-11-7263-875-7 03810

•파본이나 잘못된 책은 구입하신 곳에서 교환해드립니다.
•이 책은 저작권법에 따라 보호를 받는 저작물이므로 무단전재 및 복제를 금지하며,
이 책 내용의 전부 및 일부를 이용하려면 반드시 저작권자와 도서출판 바른북스의 서면동의를 받아야 합니다.